바쁜 중학생을 위한 빠른 학습법! — 바빠 시리즈

문단열의

중학 영문법 소화제 2

문단열 선생님의 미니 강의 보기

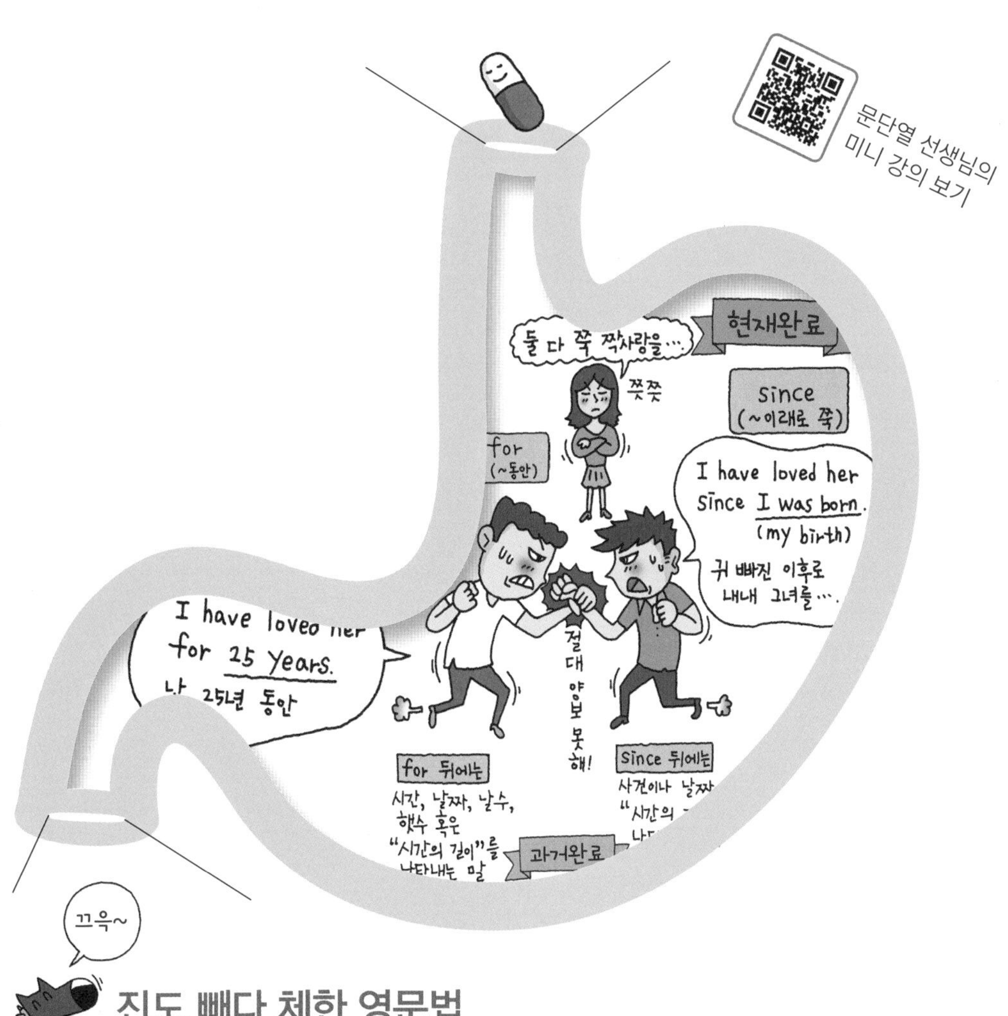

끄윽~

진도 빼다 체한 영문법
사이다처럼 뻥 뚫린다!

이지스에듀

저자 소개

문단열 선생님은 EBS <잉글리시 카페>를 진행하며 우리나라의 국민 영어 강사로 자리매김한 더 이상의 소개가 필요없는 에듀테인먼트의 선구자이다. 2017년 3월부터는 EBS 라디오 <잉글리시 클리닉>을 진행하고 있다. 현재 중등 대표 인터넷 강의 사이트인 엠베스트에서 <문단열의 소화제 영문법>이 9년째 인기리에 서비스되고 있다. 재미와 핵심을 모두 살린 명품 강의로 입소문이 자자한 '소화제 영문법'은 2016년 전체 강의가 더 새롭게 업데이트되었다. 특히, 새로운 인강에 맞춘 이 책에는 인강에 없는 삽화들도 추가로 수록되었다. 이 삽화들은 교육적 효과를 높이기 위해 문단열 선생님이 직접 아이디어 스케치를 그렸고, 여기에 삽화가의 재치가 더해져 더욱 생동감 넘치게 표현됐다. 지금까지 《초등학생 필수 영문법 무작정 따라하기》 등 수많은 베스트셀러를 출간하였다.

(연세대학교 신학과, 연세대학교 대학원 영어영문학과 졸업. 성신여자대학교 교양교육원 교수 역임)

김애리 선생님은 남편인 문단열 선생님과 함께 영문법을 어려워하는 아이들도 쉽게 이해할 수 있는 영문법 책이 되도록 고민하며 이 책을 집필하였다. 특히 이 책의 문제들은 개념을 체화하도록 만들어진 문제들로, 김애리 선생님이 한 문제 한 문제 심혈을 기울여 집필하였다. 김애리 선생님은 노트어학원과 (주)펀글리시의 대표 강사로 영어를 지도하였으며, (주)펀에버 대표를 지낸 바 있다.

공저로는 《문단열의 영어일기+영작》, 저서로는 《TOEIC 123일전》 외 여러 권이 있다.

(연세대학교 영문과 졸업)

'바쁜 중학생을 위한 빠른 학습법' 시리즈

문단열의 중학 영문법 소화제 2권

초판 1쇄 발행 2017년 6월 15일
초판 2쇄 발행 2020년 3월 30일
지은이 문단열, 김애리
발행인 이지연
펴낸곳 이지스퍼블리싱(주)
출판사 등록번호 제313-2010-123호
주소 서울시 영등포구 당산로 41길 11. SK V1센터 323호 (우편번호 07217)
대표전화 02-325-1722 팩스 02-326-1723

이지스퍼블리싱 홈페이지 www.easyspub.com
이지스에듀 카페 www.easysedu.co.kr
바빠 아지트 블로그 blog.naver.com/easyspub
인스타그램 @easys_edu
페이스북 www.facebook.com/easyspub2014
이메일 service@easyspub.co.kr

기획 및 책임 편집 조은미, 정지연, 박지연 교정 교열 이수정 일러스트 김학수
디자인 (주)GNUMOMENTUM 전산편집 트인글터 인쇄 보광문화사
독자 지원 오경신 영업 및 문의 이주동(nlrose@easyspub.co.kr) 마케팅 박정현

ISBN 979-11-87370-89-5 54740
ISBN 979-11-87370-82-6(세트)
가격 12,000원

· **이지스에듀**는 이지스퍼블리싱의 교육 브랜드입니다.

추천의 글

"꽉 막힌 영어가 사이다처럼 뻥 뚫리네요!"

초등, 중학생은 물론, 대학생도 몰래 본다! 수강생부터 유명 강사들까지 적극 추천!

영어는 대충 할 줄 아는데 영문법은 제대로 모르는 분들에게 추천해요! 문단열 쌤이 완전 생기초부터 딱딱하지 않고 재미있게 알려주셔서, 고구마 같던 영어가 사이다처럼 뻥 뚫리네요!
| 수강생 이*제

구멍이 메꿔지는 느낌입니다. 안다고 생각했는데, 여태까지 아는 척하고 있었네요. 이제 영문법이 뭔지 제대로 알겠어요! 영문법은 한글 공부.
| 수강생 강*승

문법의 쓰임과 뜻을 우리말로 하나하나 풀어서 친절하게 설명하고, 유머러스한 예시를 들어 주셔서 영문법을 쉽고 빠르게 이해할 수 있었어요!
| 수강생 최*인

문법은 기피 대상이었는데, 소화제로 공부하니 머릿속에 쏙쏙 남아요. 잘 몰라도 어물쩍 넘어갔던 것들까지 선생님이 세심하게 짚어 주어서 기초부터 탄탄해지는 느낌입니다.
| 수강생 박*현

약은 약사에게, 치료는 의사에게, 영문법은 문단열 쌤께! 영문법 때문에 소화불량이라면 문단열 쌤께 고고씽!
| 수강생 길*민

문법 개념을 3번 이상 반복하도록 구성되어, 이 책을 끝낸 다음에도 기억이 잘 납니다. 토익 공부에도 큰 도움이 되었어요!
| 이 책의 문제풀이 아르바이트 대학생 박용규

문법이 약한 중학 친구들에게 문단열 선생님의 참신하고 재밌는 예시를 사용했더니, 눈이 초롱초롱해지네요. 저희 공부방의 완소 책입니다.
| 은쌤 영어 과외방 곽은주 선생님

아이들이 영문법을 어려워하는 이유는 딱딱한 문법 용어 때문이지요. 이 책은 어미 새가 새끼에게 먹이를 씹어 먹여 주듯, 영문법 용어를 아이들이 소화하기 쉽게 설명합니다.
| GGE어학원 김진희 원장님

이 책을 본 후 영문법은 3배쯤 쉬워집니다. 문법 용어가 해결되니, 개념과 문제풀이가 한꺼번에 뻥 뚫립니다.
| 허성원 어학원 허성원 원장님

중학교 기초 영문법뿐 아니라 정말 살아 있는 영어 회화를 하는 데에도 도움이 되는 문법 강좌입니다.
| 윤선생 영어숲 주엽센터 유영록 원장님

Why this book?

영문법 소화불량에 걸린 친구를 위한 특효 소화제!

영문법 공부인데 국어가 문제라니!

미국에서 살다 온 친구인데도 영문법 시간에 쩔쩔매는 것을 우리는 흔히 보지요. 영문법 공부는 '영어 공부'이기도 하지만 '영어에 대하여 한국어로 논하는 것'이기도 해서 그렇습니다. 용어만 봐도 그래요. 그냥 듣고 보고 느끼는 hear, see, feel 같은 단어는 쉽게 느껴지지만, 이들의 공통점을 묶어 '지각동사'라고 설명하면 어렵게 느껴지지요. 그런데 중학교 영문법으로 넘어가는 순간, 대다수의 선생님은 이 어려운 영문법 용어들로 영어를 가르치기 시작합니다.
영문법, 영어를 못해서 어려운 게 아닙니다. '문법 용어'가 문제입니다. 영문법 용어를 모르면 열심히 들어도 설명이 들리지 않고, 열심히 외워도 잘 외워지지 않습니다. 외계어 같은 '영문법 용어'를 이해하는 것부터 시작해야 중학 영문법은 소화됩니다.

외계어가 아니라 쉬운 우리말 비유로 기초 영문법 완성!

용어를 알면 영문법은 거의 정복되는 것! 그 지점을 '영문법 소화제'는 정확히 해결합니다. 이 책을 마치고 나면, 정확한 문법 용어의 이해와 더불어 영문법의 기초가 끝납니다! 영문법이라는 커다란 집의 벽돌인 '조동사와 완료 시제', 그리고 'to부정사와 동명사' 같은 '문법 용어'를 적절하고 재미있는 비유를 들어가며 하나하나 잘게 부수어 이해하게 해 주니까요.

헷갈리는 완료 시제의 4가지 용법을
'막, 쭉, 적, 응?'으로 쉽게 표현~
선생님만의 특별한 비유로 영문법의 기초 용어들이
내 것으로 소화됩니다!!

개념도 소화가 안 되는데 꾸역꾸역 문제만 떠먹는 건 아닌가요?

공부하는 학생의 소화력을 무시한 채 공부하는 것은, 아기가 모유와 이유식을 생략하고 바로 어른의 음식을 먹는 것과 같습니다. 아이들이 딱딱한 음식을 갑자기 삼키기 힘든 것처럼, 영어를 공부하는 학생들도 '조동사, 동명사' 같은 딱딱한 문법 개념들을 몹시 어려워합니다. 그런데 많은 학생이 정확한 개념도 모른 채 강의를 듣고, 아주 많은 양의 문제를 풀다 보면 '영문법이 해결되겠지'라고 생각합니다.

문법 용어를 알고 나면 영어 공부 speed up!

대충 알고 그저 '열심히'만 하는 건 장시간의 공부 노동이 될 뿐입니다. 이제 공부 방법을 바꿔 보세요! 먼저 문법을 정확히 이해할 수 있는 영문법 소화제를 투입하는 겁니다. 사실 대학생들도 이 책에 나오는 문법 용어를 제대로 익히지 못해 평생 비효율적인 수험 공부를 하는 경우가 많답니다. 하지만 여러분은 행운아입니다. 이 책을 끝까지 공부하고 나면 문법 용어를 자유자재로 말하게 될 테니까요. 그리고 어떤 영어 교재의 해설을 봐도 쉽게 느껴질 거예요.

무책임한 책이 아닙니다. '평생 기억하기' 꿀팁까지 총동원!

이 책은 독자가 이해하든 말든 저자 혼자 떠들고 끝나는 책이 아닙니다. 외우기 힘들 것 같으면 문단열 선생님이 '평생 기억하기' 꿀팁으로 외우고 넘어가도록 도와줍니다.
또, 이 책에서 꼭 외워야 할 핵심 예문들은 어려운 단어를 사용하지 않고 스토리나 대화형으로, 그 내용도 재미있게 제시됩니다. 그러니까 학생이 '문법'과 '영어 내용'이라는 두 가지 전쟁을 동시에 수행하는 고통을 벗어나, '문법' 한 가지 전투에만 전념할 수 있게 도와준다는 것이지요.

문법이 한눈에 보이는 삽화로 감 잡고~ 오래 기억하게 됩니다!

영문법 소화제의 삽화는 그냥 예쁘기만 한 장식적 존재가 아닙니다. 한 번 보면 그 과의 핵심 문법을 알 수 있고, 삽화를 기억하면 책의 내용을 다시 떠올릴 수 있도록, 문단열 선생님이 강의 주제마다 아이디어 스케치를 직접 그려 주었습니다. 나중에라도 문법 내용을 기억해야 할 때 이 그림을 떠올리면, 무엇을 배웠는지 기억해 낼 수 있을 것입니다!

이제 영문법 소화제로 이유식하고, 더 건강한 영어 식단의 세계로 나가시기 바랍니다.

유머, 이미지, 스토리로 학습 효과를 높이는 영문법 소화제

❶ 사진을 찍듯, 이 그림을 기억하자! — 대표 삽화

예쁘기만 한 그림이 아닙니다. 이 과의 주제를 알 수 있고, 그림을 기억하면 이 과의 문법을 다시 떠올릴 수 있습니다.

❸ 꿀팁 대방출! — 평생 기억하기

영문법 용어를 우리말 설명과 재치 있는 예시로 접근, 한 번 배운 내용을 잊지 않고 평생 기억하게 도와줍니다.

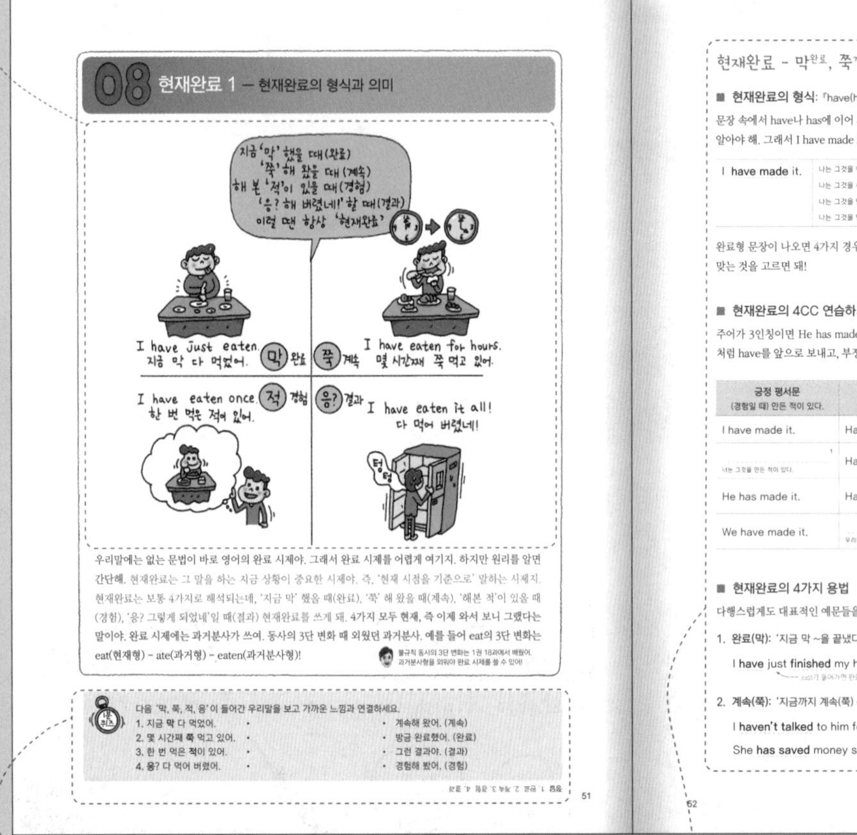

08 현재완료 1 — 현재완료의 형식과 의미

우리말에는 없는 문법이 바로 영어의 완료 시제야. 그래서 완료 시제를 어렵게 여기지. 하지만 원리를 알면 간단해. 현재완료는 그 말을 하는 지금 상황이 중요한 시제야. 즉, '현재 시점을 기준으로' 말하는 시제지. 현재완료는 보통 4가지로 해석되는데, '지금 막' 했을 때(완료), '쭉' 해 왔을 때(계속), '해본 적'이 있을 때(경험), '응? 그렇게 되었네'일 때(결과) 현재완료를 쓰게 돼. 4가지 모두 현재, 즉 이제 와서 보니 그랬다는 말이야. 완료 시제에는 과거분사가 쓰여. 동사의 3단 변화 때 외웠던 과거분사. 예를 들어 eat의 3단 변화는 eat(현재형) - ate(과거형) - eaten(과거분사형)!

불규칙 동사의 3단 변화는 1권 18과에서 배웠어. 과거분사형을 외워야 완료 시제를 쓸 수 있어!

1분 퀴즈

다음 '막, 쭉, 적, 응'이 들어간 우리말을 보고 가까운 느낌과 연결하세요.

1. 지금 막 다 먹었어. • • 계속해 왔어. (계속)
2. 몇 시간째 쭉 먹고 있어. • • 방금 완료했어. (완료)
3. 한 번 먹은 적이 있어. • • 그런 결과야. (결과)
4. 응? 다 먹어 버렸어. • • 경험해 봤어. (경험)

정답 1. 완료 2. 계속 3. 경험 4. 결과

51

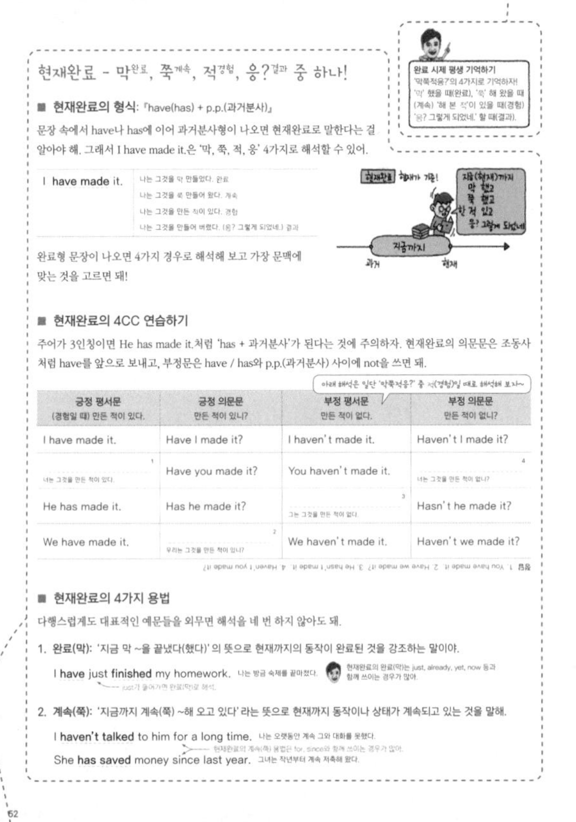

현재완료 - 막완료, 쭉계속, 적경험, 응?결과 중 하나!

■ 현재완료의 형식: 「have(has) + p.p.(과거분사)」

문장 속에서 have나 has에 이어 과거분사형이 나오면 현재완료로 말한다는 걸 알아야 해. 그래서 I have made it.은 '막, 쭉, 적, 응' 4가지로 해석할 수 있어.

I have made it.
- 나는 그것을 막 만들었다. 완료
- 나는 그것을 쭉 만들어 왔다. 계속
- 나는 그것을 만든 적이 있다. 경험
- 나는 그것을 만들어 버렸다. (응? 그렇게 되었네.) 결과

완료형 문장이 나오면 4가지 경우로 해석해 보고 가장 문맥에 맞는 것을 고르면 돼!

완료 시제 평생 기억하기
'막쭉적응'의 4가지로 기억하자! '막' 했을 때(완료), '쭉' 해 왔을 때(계속) '해 본 적'이 있을 때(경험) '응? 그렇게 되었네' 할 때(결과).

■ 현재완료의 4CC 연습하기

주어가 3인칭이면 He has made it.처럼 'has + 과거분사'가 된다는 것에 주의하자. 현재완료의 의문문은 조동사처럼 have를 앞으로 보내고, 부정문은 have / has와 p.p.(과거분사) 사이에 not을 쓰면 돼.

긍정 평서문 (경험일 때) 만든 적이 있다.	긍정 의문문 만든 적이 있니?	부정 평서문 만든 적이 없다.	부정 의문문 만든 적이 없니?
I have made it.	Have I made it?	I haven't made it.	Haven't I made it?
1	Have you made it?	You haven't made it.	4
He has made it.	Has he made it?	3	Hasn't he made it?
We have made it.	2	We haven't made it.	Haven't we made it?

정답 1. You have made it. 2. Have we made it? 3. He hasn't made it. 4. Haven't you made it?

■ 현재완료의 4가지 용법

다행스럽게도 대표적인 예문들을 외우면 해석을 네 번 하지 않아도 돼.

1. 완료(막): '지금 막 ~을 끝냈다(했다)'의 뜻으로 현재까지의 동작이 완료된 것을 강조하는 말이야.

I have just finished my homework. 나는 방금 숙제를 끝마쳤다.

2. 계속(쭉): '지금까지 계속(쭉) ~해 오고 있다'라는 뜻으로 현재까지 동작이나 상태가 계속되고 있는 것을 말해.

I haven't talked to him for a long time.

She has saved money since last year.

52

❷ 문법, 쓰면서 바로바로 확인! — 1분 퀴즈

앞에서 배운 영문법의 필수 개념을 능동적으로 학습하며 바로바로 확인해 봅니다!

❹ 혼자 봐도 이해된다! — 친절한 개념 설명

'너희가 한 번 이해해 보든가' 식의 무책임한 설명은 없습니다! 영문법의 쓰임과 뜻을 우리말과 유머러스한 예시로 설명해 줍니다.

*이 책의 삽화는 문단열 선생님이 직접 스케치와 콘티를 제공하여, 김학수 작가가 그렸습니다.

❺ 개념 이해와 문제풀이 핵심 팁! — 소화제 투입

필수 단어, 중요 문법 등 개념과 문제를 내 것으로 소화하도록 돕는 핵심 팁입니다.

❼ 풀다 보면 영문법 완성! — 영어로 해보기

개념 확인 문제로, 여러분을 떨어뜨리기 위한 문제가 아닙니다. 빈칸을 채우다 보면, 영문법 실력이 차곡차곡 쌓이는 문제입니다.

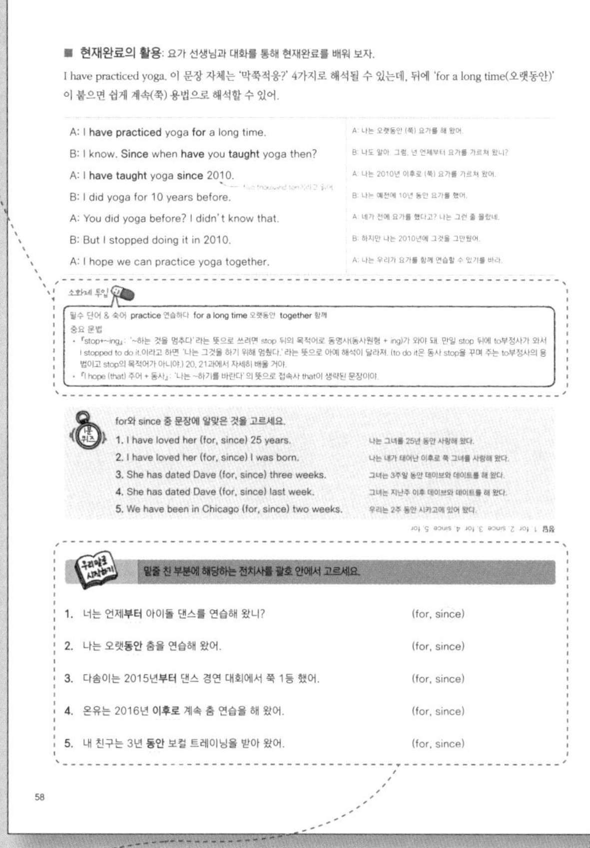

■ **현재완료의 활용**: 요가 선생님과 대화를 통해 현재완료를 배워 보자.

I have practiced yoga. 이 문장 자체는 '막쪽적용?' 4가지로 해석될 수 있는데, 뒤에 'for a long time(오랫동안)'이 붙으면 쉽게 계속(쭉) 용법으로 해석할 수 있어.

A: I **have practiced** yoga **for** a long time.	A: 나는 오랫동안 (쭉) 요가를 해 왔어.
B: I know. **Since** when **have** you **taught** yoga then?	B: 나도 알아. 그럼, 넌 언제부터 요가를 가르쳐 왔니?
A: I **have taught** yoga **since** 2010.	A: 나는 2010년 이후로 (쭉) 요가를 가르쳐 왔어.
B: I did yoga for 10 years before.	B: 나는 예전에 10년 동안 요가를 했어.
A: You did yoga before? I didn't know that.	A: 네가 전에 요가를 했다고? 나는 그건 몰랐네.
B: But I stopped doing it in 2010.	B: 하지만 나는 2010년에 그것을 그만뒀어.
A: I hope we can practice yoga together.	A: 나는 우리가 요가를 함께 연습할 수 있기를 바라.

소화제 투입

필수 단어 & 숙어 practice 연습하다 for a long time 오랫동안 together 함께

for와 since 중 문장에 알맞은 것을 고르세요.

1. I have loved her (for, since) 25 years. 나는 그녀를 25년 동안 사랑해 왔다.
2. I have loved her (for, since) I was born. 나는 내가 태어난 이후로 쭉 그녀를 사랑해 왔다.
3. She has dated Dave (for, since) three weeks. 그녀는 3주일 동안 데이브와 데이트를 해 왔다.
4. She has dated Dave (for, since) last week. 그녀는 지난주 이후 데이브와 데이트를 해 왔다.
5. We have been in Chicago (for, since) two weeks. 우리는 2주 동안 시카고에 있어 왔다.

우리말로 시작하기 — 밑줄 친 부분에 해당하는 전치사를 괄호 안에서 고르세요.

1. 너는 언제**부터** 아이돌 댄스를 연습해 왔니? (for, since)
2. 나는 오랫**동안** 춤을 연습해 왔어. (for, since)
3. 다솜이는 2015년**부터** 댄스 경연 대회에서 쭉 1등 했어. (for, since)
4. 온유는 2016년 **이후로** 계속 춤 연습을 해 왔어. (for, since)
5. 내 친구는 3년 **동안** 보컬 트레이닝을 받아 왔어. (for, since)

58

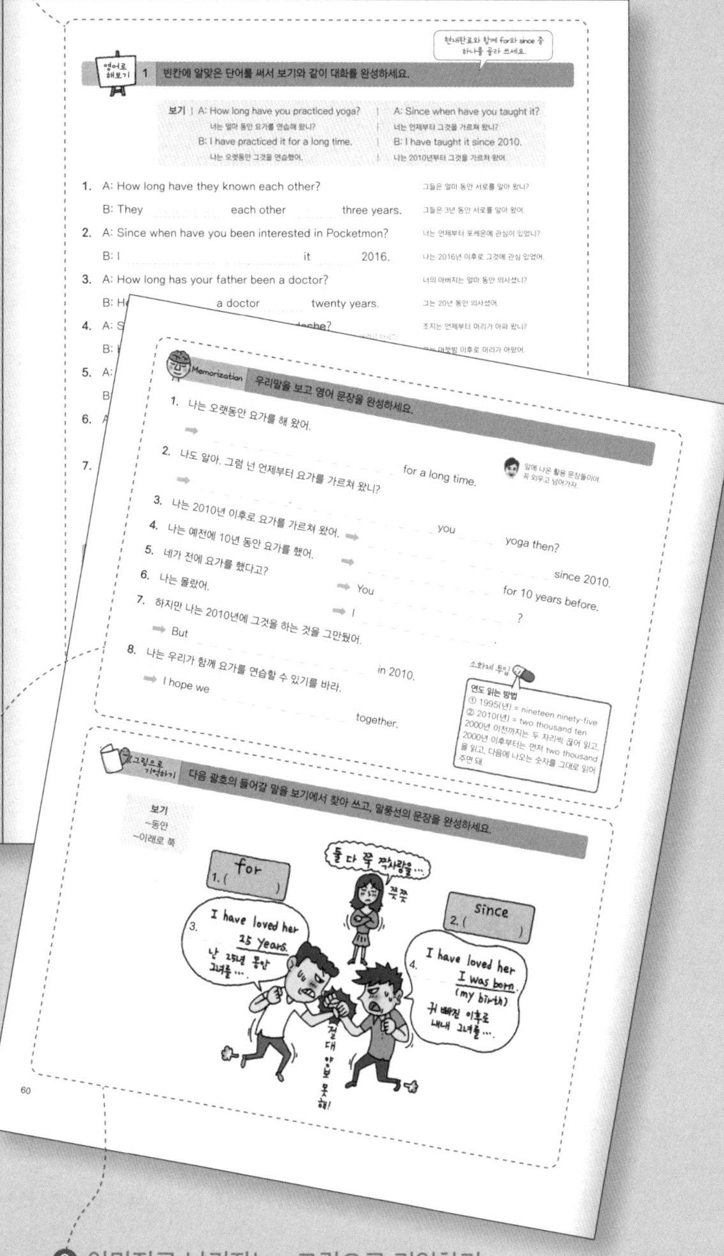

영어로 해보기 1 빈칸에 알맞은 단어를 써서 보기와 같이 대화를 완성하세요.

현재완료와 함께 for와 since 중 하나를 골라 쓰세요.

보기 | A: How long have you practiced yoga? 너는 얼마 동안 요가를 연습해 왔니? B: I have practiced it for a long time. 나는 오랫동안 그것을 연습해 왔어. | A: Since when have you taught it? 너는 언제부터 그것을 가르쳐 왔니? B: I have taught it since 2010. 나는 2010년부터 그것을 가르쳐 왔어.

1. A: How long have they known each other? 그들은 얼마 동안 서로를 알아 왔니?
   B: They ______ each other ______ three years. 그들은 3년 동안 서로를 알아 왔어.
2. A: Since when have you been interested in Pocketmon? 너는 언제부터 포켓몬에 관심이 있었니?
   B: I ______ it ______ 2016. 나는 2016년 이후로 그것에 관심이 있었어.
3. A: How long has your father been a doctor? 너의 아버지는 얼마 동안 의사셨니?
   B: He ______ a doctor ______ twenty years. 그는 20년 동안 의사셨어.

Memorization 우리말을 보고 영어 문장을 완성하세요.

1. 나는 오랫동안 요가를 해 왔어.
   ➡ ______ for a long time.
2. 나도 알아. 그럼 넌 언제부터 요가를 가르쳐 왔니?
   ➡ ______ you ______ yoga then?
3. 나는 2010년 이후로 요가를 가르쳐 왔어. ➡ ______ since 2010.
4. 나는 예전에 10년 동안 요가를 했어. ➡ ______ for 10 years before.
5. 네가 전에 요가를 했다고? ➡ You ______?
6. 나는 몰랐어. ➡ I ______.
7. 하지만 나는 2010년에 그것을 하는 것을 그만뒀어.
   ➡ But ______ in 2010.
8. 나는 우리가 함께 요가를 연습할 수 있기를 바라.
   ➡ I hope we ______ together.

입에 나온 활용 문장들이야. 꼭 외우고 넘어가자.

소화제 투입 — 연도 읽는 방법: ① 1995(년) = nineteen ninety-five ② 2010(년) = two thousand ten. 2000년 이전까지는 두 자리씩 끊어 읽고, 2000년 이후부터는 먼저 two thousand를 읽고, 다음에 나오는 숫자를 그대로 읽어 주면 돼.

그림으로 기억하기 — 다음 괄호에 들어갈 말을 보기에서 찾아 쓰고, 말풍선의 문장을 완성하세요.

보기 ~동안 ~이래로 쭉

60

❻ 손쉽게 개념 확인! — 우리말로 시작하기

우리말로 먼저 문제에 접근해서 영문법에 대한 이해를 높입니다.

❽ 이 문장은 외우자! — Memorization

이번 과에서 꼭 외워야 할 필수 문장입니다. 직접 영어 문장을 완성한 다음, 이 문장들은 꼭 소리 내어 외우고 넘어가세요! 스피킹 능력까지 키울 수 있습니다.

❾ 이미지로 남기자! — 그림으로 기억하기

이번 과의 핵심 문법을 그림과 결합하여 효과적으로 기억할 수 있게 도와줍니다.

문단열의 중학 영문법 소화제 ❷

문단열의 중학 영문법 소화제 ❶ 구성

영문법 소화불량 스스로 진단하기

나는 영문법 소화제 2권이 필요할까요? 다음 문제를 풀어 보세요.

1. "그는 수영할 수 있니?"를 영작하세요. ➡ ______________________

[2-3] 밑줄 친 부분을 바르게 고치세요.

2. He will plays soccer. ➡ __________ **3.** You had not better do that. ➡ __________

[4-5] 다음 밑줄 친 부분에 알맞은 조동사와 not을 넣으세요.

4. You ______________ go there. 너는 거기에 가면 (절대) 안 된다.

5. I ______________ be late again. 나는 다시는 늦지 않을 것이다.

6. 두 문장이 같은 의미가 되도록 빈칸에 알맞은 말을 쓰세요.

She must do her homework now. = She ______________ do her homework now.

[7~9] 괄호 안에 알맞은 것을 고르세요.

7. My father (has, is having) a nice car.

8. They have lived in Seoul (since, already, for) 20 years.

9. He (has been, was) sick since last Monday.

10. 밑줄 친 동사를 알맞은 형태로 바꾸세요.

I want buy a new computer. ➡ __________

11. 우리말과 같은 뜻이 되도록 괄호 안의 말을 바르게 배열하세요.

우리는 살 집이 있다. We have (a house, live in, to). ➡ ______________________

12. Mary enjoys playing the piano. 문장을 해석하고, 밑줄 친 부분이 주어, 목적어, 보어 중 어떤 역할을 하는지 고르세요.

______________________ (주어, 목적어, 보어)

처방전

맞힌 개수: 4개 이하 → 소화제 긴급 처방, **5~10개** → 소화 불량, **11개 이상** → 소화 양호

맞힌 개수가 10개 이하라면, 영문법 소화제가 꼭 필요합니다! 이 책으로 확실히 정리하고 넘어가세요!

정답

1. Can he swim? **2.** play **3.** had better not **4.** must not(mustn't) **5.** will not(won't) **6.** has to **7.** has **8.** for **9.** has been **10.** to buy **11.** We have a house to live in. **12.** 메리는 피아노 연주하는(치는) 것을 즐긴다. (목적어)

바쁜 중학생을 위한 **빠른** 학습법! — 바빠 시리즈

문단열의

중학 영문법 소화제 ②

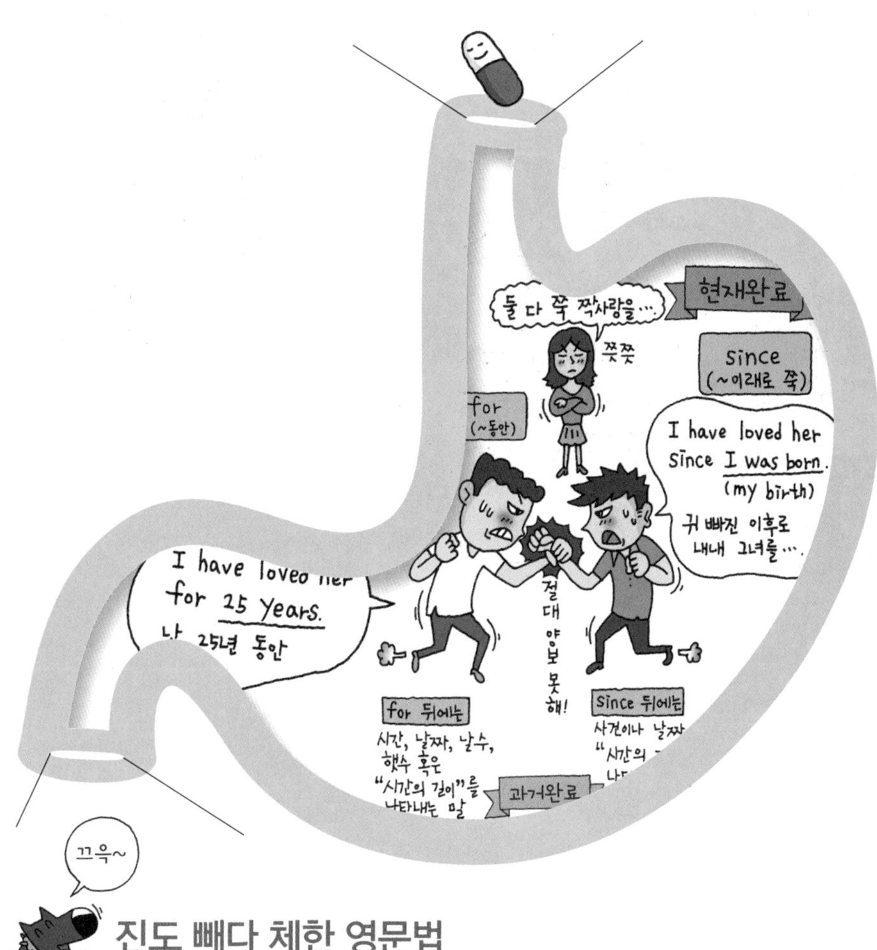

진도 빼다 체한 영문법
사이다처럼 **뻥** 뚫린다!

01 조동사 1 — 조동사는 동사를 도와주는 주방 보조!

조동사는 동사를 도와주는 동사를 말해.
주방장이 (본)동사라면, 주방장을 돕는
주방 보조가 바로 조동사라고 할 수 있어.

나는야 조동사,
주방장인 동사를 도와
동사의 뜻을
자세하게 하지.

나는야 동사,
조동사가 도와주면
나는 기본적인
일(동사원형)만 하지.

I can cook.

I cook.

조동사 공식: 주어 + 조동사 + 동사원형(본동사)
He cooks.(그는 요리한다.)에 조동사를 넣어 볼까?
He **can** cook. 그는 요리할 수 있다.
He **may** cook. 그는 요리할지도 모른다.
cooks가 동사원형인 cook으로 바뀌는 데 유의하자.
조동사는 동사원형과 함께 쓰이며, 동사의 의미를 보충해 줘.

"나는 ~을 한다"라는 말에 조동사가 추가되면 "나는 ~할 수 있다(can), 나는 ~할지도 모른다(may), 나는 ~해야만 한다(must)"처럼 의미가 확장돼. 주방 보조의 '조'가 '도울 조(助)'인 것처럼, 조동사는 동사의 조력자가 되어 다양한 표현을 만드는 거지. 그런데 주방장 없이 주방 보조만 있을 수는 없는 것처럼, (본)동사 없이 조동사 혼자만 쓸 수는 없어. 그리고 중요한 건 조동사 뒤에 나오는 동사는 무조건 동사원형이라는 것!

1. 동사를 도와 의미를 보충해 주는 동사를 무엇이라고 부르나요? (　　　　　)
2. 조동사 공식: 주어 + 조동사 + (　　　　　)

정답 1. 조동사 2. 동사원형

능력을 나타내는 조동사 can(~할 수 있다)!

조동사는 항상 주방장 격인 (본)동사와 함께 쓰여. 조동사가 들어간 문장은 아주 쉬워. 3인칭 단수 s가 없어지거든. '조동사 + 동사원형'만 기억하면 끝! 능력을 나타내는 조동사 can으로 조동사 문형을 살펴보자.

■ can의 긍정 평서문(~할 수 있다)을 긍정 의문문(~할 수 있니?)으로 바꾸기

'수영하다'를 '수영할 수 있다'로 바꾸고 싶다면 주어가 무엇이든 swim 앞에 무조건 can을 쓰면 돼. 이때 swim은 동사원형으로! 의문문으로 바꿀 때도 간단해. 무조건 조동사를 앞으로!

긍정 평서문

주어 + can + 동사원형

I can swim. 나는 수영할 수 있다.

You can swim. 너는 수영할 수 있다.

He can swim. 그는 수영할 수 있다.

She ______ [1]. 그녀는 수영할 수 있다.

It can swim. 그것은 수영할 수 있다.

We can swim. 우리는 수영할 수 있다.

They ______ [2]. 그들은 수영할 수 있다.

Can을 주어 앞으로!

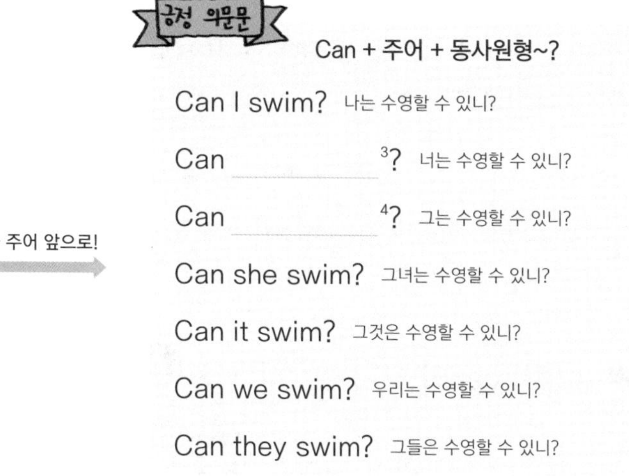

긍정 의문문

Can + 주어 + 동사원형~?

Can I swim? 나는 수영할 수 있니?

Can ______ [3]? 너는 수영할 수 있니?

Can ______ [4]? 그는 수영할 수 있니?

Can she swim? 그녀는 수영할 수 있니?

Can it swim? 그것은 수영할 수 있니?

Can we swim? 우리는 수영할 수 있니?

Can they swim? 그들은 수영할 수 있니?

정답 1. can swim 2. can swim 3. you swim 4. he swim

"Can I ~?" 대신에 "May I ~?"를 쓸 수도 있는데 "May I ~?"가 훨씬 예의 바른 표현이야. May I swim? (저 수영해도 될까요?)

■ can의 부정 평서문(~할 수 없다)을 부정 의문문(~할 수 없니?)으로 바꾸기

can의 부정, 즉 '~할 수 없다'는 can 뒤에 not을 붙여 cannot을 만들면 돼. 줄여서 can't라고 많이 써. cannot = can't!

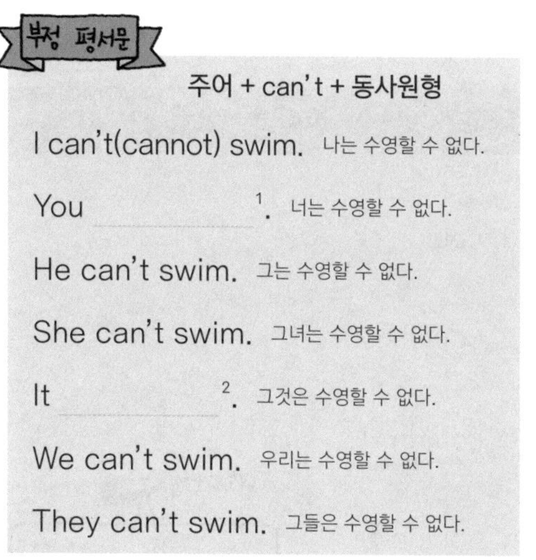

부정 평서문

주어 + can't + 동사원형

I can't(cannot) swim. 나는 수영할 수 없다.

You ______ [1]. 너는 수영할 수 없다.

He can't swim. 그는 수영할 수 없다.

She can't swim. 그녀는 수영할 수 없다.

It ______ [2]. 그것은 수영할 수 없다.

We can't swim. 우리는 수영할 수 없다.

They can't swim. 그들은 수영할 수 없다.

Can't를 주어 앞으로!

부정 의문문

Can't + 주어 + 동사원형~?

Can't I swim? 나는 수영할 수 없니?

______ [3] swim? 너는 수영할 수 없니?

Can't he swim? 그는 수영할 수 없니?

Can't she swim? 그녀는 수영할 수 없니?

Can't it swim? 그것은 수영할 수 없니?

Can't we swim? 우리는 수영할 수 없니?

______ [4] swim? 그들은 수영할 수 없니?

정답 1. can't swim 2. can't swim 3. Can't you 4. Can't they

헷갈리는 I can swim.과 I can't swim. 발음 구분법

can't는 t 발음을 거의 안 해서, 얼핏 들으면 can과 헷갈리는데, 구분 방법이 있어. can은 [큰]에 가깝게 짧고 약하게 발음하고, can't는 [캔]에 가깝게 콧소리를 섞어서 눌러 주듯이 강하게 끊어서 발음해. I can swim.은 [아큰스윔]처럼, I can't swim.은 [아캐-앤스윔]처럼 발음하면 돼.

may도 조동사로 '~해도 된다', '~일지도 모른다'라는 뜻이야. 이렇게 비슷한 뜻의 조동사들은 서로 바꿔 쓸 수 있어.

■ 부탁이나 허락을 구할 때도 can(~해도 된다 = may)

can은 '~할 수 있다' 외에 '~해도 된다'라는 허락의 뜻으로도 많이 쓰여. 부탁이나 허락을 나타낼 때는 can 대신 may를 써도 돼.

You **can** leave now. = You **may** leave now. 너는 지금 떠나도 된다. (허락)

Can I see your smartphone? = **May** I see your smartphone? 너의 스마트폰을 봐도 돼? (부탁)

■ 능력을 나타내는 can과 같은 뜻의 be able to(~할 수 있다)

can이 능력을 나타낼 때는 be able to로 바꿔 쓸 수 있어. 이때 be는 주어의 인칭과 수, 시제에 따라 형태가 변해. 과거를 표현할 때는 could를 쓰는데, could 대신 was / were able to로도 쓸 수 있어.

I **can** solve the question. = I **am able to** solve the question. 나는 그 문제를 풀 수 있다.

I **could** solve the question. = I **was able to** solve the question. 나는 그 문제를 풀 수 있었다.

■ 조동사 can의 4CC 연습하기

4CC에서 CC는 Conversational Conversion의 약어로, '문장 전환하기'라는 뜻이야.

4CC	긍정문	부정문
평서문	You can swim. 너는 수영할 수 있다.	You ______ 1. 너는 수영할 수 없다.
의문문	______ 2 swim? 너는 수영할 수 있니?	______ 3 you swim? 너는 수영할 수 없니?

정답 1. can't swim 2. Can you 3. Can't

우리말로 시작하기 밑줄 친 부분을 영작한다면 어떤 조동사를 써야 할지 알맞은 것에 동그라미하세요.

1. 나는 자전거를 **탈 수 있어**. (can, can't, could, couldn't)
2. 너는 자전거 **못 타니?** (can, can't, could, couldn't)
3. 너는 내 스마트폰을 **써도 돼**. (can, can't, could, couldn't)
4. 그는 스마트폰 없이는 **살 수 없었어**. (can, can't, could, couldn't)
5. 그녀는 감자 튀김을 맛있게 **만들 수 있었어**. (can, can't, could, couldn't)

소화제 투입

can의 부정은 can't
can의 과거는 could
could의 부정은 couldn't

1 밑줄 친 부분을 바르게 고치세요.

1. He **cans** play the drums. 그는 드럼을 칠 수 있다. ➡ can
   play 다음에 악기 이름이 오면 the를 붙여.

2. Can he **rides** a bicycle? 그는 자전거를 탈 수 있니? ➡

3. They **not can** play baseball. 그들은 야구를 할 수 없다. ➡
   play 다음에 운동 경기가 오면 the를 붙이지 않아.

4. Michael can **swims** freestyle. 마이클은 자유형으로 수영할 수 있다. ➡

5. Can you **helped** me? 저 좀 도와주실래요? ➡

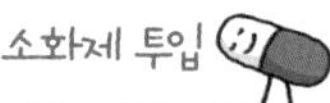

필수 단어 & 숙어 **swim freestyle**(**butterfly** / **backstrokes**) 자유형(접영 / 배영)으로 수영하다
현재형에서는 주어가 무엇이든 can을 사용해. can 뒤에는 동사원형! can의 부정은 cannot(can't).

영어로 해보기

2 다음 문장을 괄호 안의 지시대로 바꿔 쓰세요.

부정문은 축약형으로 쓰세요.

1. I can speak Chinese. (부정문으로)
   나는 중국어를 할 수 있다.
   ➡ 나는 중국어를 할 수 없다.

2. Jane can make sandwiches. (의문문으로)
   제인은 샌드위치를 만들 수 있다.
   ➡ 제인은 샌드위치를 만들 수 있니?

3. He can ride a bicycle. (부정 의문문으로)
   그는 자전거를 탈 수 있다.
   ➡ 그는 자전거를 탈 수 없니?

4. You can solve the question. (과거형으로)
   너는 그 문제를 풀 수 있다.
   ➡ 너는 그 문제를 풀 수 있었다.

5. We can go on a picnic. (부정 의문문으로)
   우리는 소풍 갈 수 있다.
   ➡ 우리는 소풍 갈 수 없니?

6. Can you play the piano? (평서문으로)
   너는 피아노를 칠 수 있니?
   ➡ 너는 피아노를 칠 수 있다.

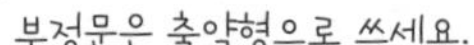

말로 할 수 있어야 문법이 완성되는 거야. 그래서 4CC로 왔다 갔다 하는 연습을 열심히 해야 해~

Memorization 우리말을 보고 영어 문장을 완성하세요.

긍정 평서문	긍정 의문문	부정 평서문	부정 의문문
1. 나는 수영할 수 있다. I can swim.	나는 수영할 수 있니? ______	나는 수영할 수 없다. I ______.	나는 수영할 수 없니? ______
2. 너는 수영할 수 있다. You ______.	너는 수영할 수 있니? ______	너는 수영할 수 없다. You ______.	너는 수영할 수 없니? ______
3. 그는 수영할 수 있다. He ______.	그는 수영할 수 있니? ______	그는 수영할 수 없다. He ______.	그는 수영할 수 없니? ______
4. 그녀는 수영할 수 있다. She ______.	그녀는 수영할 수 있니? ______	그녀는 수영할 수 없다. She ______.	그녀는 수영할 수 없니? ______
5. 그것은 수영할 수 있다. It ______.	그것은 수영할 수 있니? ______	그것은 수영할 수 없다. It ______.	그것은 수영할 수 없니? ______
6. 그들은 수영할 수 있다. They ______.	그들은 수영할 수 있니? ______	그들은 수영할 수 없다. They ______.	그들은 수영할 수 없니? ______
7. 우리는 수영할 수 있다. We ______.	우리는 수영할 수 있니? ______	우리는 수영할 수 없다. We ______.	우리는 수영할 수 없니? ______

Can't they ~?는 '캔데이'가 아니라 '캔떼이~'로 발음해야 해.

be able to의 경우에는 주어에 맞게 알맞은 형태로 쓰세요.

그림으로 기억하기 그림을 보고 may와 be able to 중 하나를 이용하여 같은 의미의 문장을 만드세요.

1.

He can swim.

= He ______ swim.

2.

Can I use your cellphone?

= ______ I use your cellphone?

02 조동사 2 – 대표적인 조동사 맛보기

보조(조동사)들이 하는 일은 달라도
주방장(동사)은 무조건 '동사원형'!

자주 쓰는 조동사(주방 보조)의 종류

능력	can	~할 수 있다	의무	should	~해야 한다
	could	~할 수 있었다	과거의 습관	used to	(왕년에) ~하곤 했다
추측	may	~할지도 모른다 (추측) ~해도 된다 (허가)	충고, 권유	had better	~하는 게 낫다
	might	~할지도 모른다 (추측)		would rather	~하는 게 차라리 낫다
미래	will	~할 것이다			
	would	will의 과거형이지만 '~할 것이다'로 해석.			

이번 과는 다양한 조동사를 맛보기로 살펴볼 거야.
일단 구경만 하고 넘어가자!

조동사는 주방 보조처럼 본동사인 주방장을 졸졸 따라다니며 도와주는 동사야. 조동사는 '~해야 한다, ~할 것이다, ~하는 게 낫다'와 같이 동사의 의미를 풍성하게 만들지. 단, 하나의 절(문장)에서 딱 1개의 조동사만 쓸 수 있어. 그리고 조동사의 공통 규칙을 다시 한 번 기억해 보자. 조동사 뒤에는 항상 동사원형을 쓴다는 것!

알맞은 조동사끼리 연결하세요.

1. '~할 수 있다'는 능력을 나타내는 조동사 • • may, might
2. '~할 것이다'라는 미래를 나타내는 조동사 • • can, could
3. '~할지도 모른다'는 추측을 나타내는 조동사 • • had better, would rather
4. '~하는 게 낫다'라는 충고, 권유를 나타내는 조동사 • • will, would

정답 1. can, could 2. will, would 3. may, might 4. had better, would rather

조동사 공식: 조동사 + 동사원형

다양한 조동사

can, could, may, might, will, would, should, used to, had better, would rather 이 모든 게 다 조동사야. 학기 초에 다양한 선생님과 인사하는 것처럼, 다양한 조동사를 맛보기로 먼저 만나 보자.

주어	조동사	동사원형	해석	
I	can	swim.	나는 수영	할 수 있다. (능력)
	could			할 수 있었다. (can의 과거형)
	may			할지도 모른다. (추측)
	might			할지도 모른다. (추측)
	will			할 것이다. (미래)
	would			(~라면) 할 것이다. (전제가 있는 미래)
	should			해야 한다. (의무)
	used to			(왕년에) 하곤 했다. (과거의 습관)
	had better			하는 게 낫다. (충고, 권유)
	would rather			하는 게 차라리 낫다. (충고, 권유)

소화제 투입: may보다 might는 더 적은 가능성으로 추측하는 거야. He may swim.은 그가 수영할 확률 50%. He might swim.은 그가 수영할 확률이 25%쯤 되는 거야. 또, would는 will의 과거형이지만, 둘 다 '~할 것이다'라는 뜻으로 쓰여. will이 단순한 미래라면, would는 '부모님이 나를 믿어 주신다면, 나는 성공할 거야.'같이 어떤 전제를 깔고 있지.

■ can의 과거형 could

can의 과거형은 could야. could의 부정형은 could not, 줄여서 couldn't로 많이 써.

I **could** swim. 나는 수영**할 수 있었다.** (과거)

I **couldn't** swim. 나는 수영**할 수 없었다.** (과거의 부정)

소화제 투입: 조동사 could는 can의 과거로 쓰이거나 can보다 가능성이 적은 상황에서도 쓰여.
예) I could help you. 나는 너를 도울 수 있었다. (can의 과거) / 나는 너를 도울 수도 있다. (적은 가능성)

■ 조동사의 활용 1: 샘의 이야기를 통해 문장 속에서 대표적인 조동사의 쓰임을 알아보자.

조동사 뒤의 동사를 관찰해 보자. 그(he)의 이야기이지만, 동사에 s는 붙지 않아. 내가 말했지? 조동사 뒤의 동사는 '기본적인 일(동사원형)만 한다'고!

Sam **used to** be a good cook. (주어가 3인칭이지만 is가 아닌 동사원형 be가 왔음.)	샘은 **예전에(왕년에)** 훌륭한 요리사**였다.**
He **could** cook all kinds of foods.	그는 모든 종류의 요리를 **할 수 있었다.**
But after he got married he **couldn't** ______[1] any more.	하지만 그는 결혼한 후에 더 이상 요리**할 수 없었다.**
Because his wife **doesn't** ______[2] him to cook. (일반동사의 의문문, 부정문 만들 때 쓴 does도 조동사임.)	왜냐하면 그의 아내는 그가 요리하는 것을 원치 **않기** 때문이다.
He thinks he **had better** watch her cook.	그는 그녀가 요리하는 것을 지켜보는 **게 낫다**고 생각한다.
He **can** cook but he **would rather** ______[3] her cook. (2개의 절로 이루어진 문장. 조동사가 2개 왔음.)	그는 요리**할 수 있지만 차라리** 그녀가 요리하는 것을 돕는 **게 낫다.**
He **may** cook on Sundays.	그는 일요일마다 요리**할지도 모른다.**
Or he **might** cook on holidays.	또는 그는 휴일마다 요리**할지도 모른다.**
Or he **will** ______[4] if she is sick.	또는 그녀가 아프면 그는 요리**할 것이다.**

정답 1. cook 2. want 3. help 4. cook

소화제 투입: 필수 단어 & 숙어 『all kinds of + 복수명사』 모든 종류의 ~ get married 결혼하다 『think (that) + 주어 + 동사~』 ~라고 생각하다 on Sundays 일요일마다 『if + 주어 + 동사~』 만일 ~하면

■ 조동사의 활용 2: 이번에는 샘의 부인, 제인의 이야기로 대표적인 조동사의 쓰임을 알아보자.

Jane **used to** ______ [1] a bad cook.	제인은 **예전에** 요리를 잘 못**하곤 했다**.
She **couldn't** cook any kinds of foods.	그녀는 어떤 종류의 요리도 **할 수 없었다**.
But after she got married she **couldn't** just sit and eat any more.	하지만 그녀는 결혼한 후에 더 이상 그냥 앉아서 먹을 **수 없었다**.
Because she felt sorry for her husband.	왜냐하면 그녀는 남편한테 미안한 마음이 있었기 때문이다.
She thinks she **had better** ______ [2] for him.	그녀는 그녀가 그를 위해 요리**하는 게 낫다**고 생각한다.
She **can't** ______ [3] very well but she**'d better** give it a try. (had better를 줄인 표현.)	그녀는 요리를 아주 잘**할 수는 없지만** 시도해 보는 **게 낫다**.
She **may** relax on Sundays.	그녀는 일요일마다 긴장을 풀**지도 모른다**.
Or she **might** get some rest on holidays.	또는 그녀는 휴일마다 쉴**지도 모른다**.
Or she **will** start cooking on weekdays.	또는 그녀는 평일마다 요리를 시작**할 것이다**.

정답 1. be 2. cook 3. cook

필수 단어 & 숙어 **feel sorry for** ~에 대해 미안하게 느끼다 **give it a try** 한번 시도해 보다 **get some rest** 쉬다, 휴식하다 『**start** + ~**ing**』 ~하는 것을 시작하다 **on weekdays** 평일마다

■ 조동사의 부정문: 『조동사 + not + 본동사』

조동사가 있는 문장의 부정문은 조동사 뒤에 not을 붙여 주면 돼.

cannot(= can't)	could not(= couldn't)	may not	might not
will not(= won't)	would not(= wouldn't)	should not(= shouldn't)	used not to / did't use to
had better not	would rather not	had better와 would rather 부정은 had better not, would rather not인 걸 통째로 외워 두자. 안 그러면 엄청 헷갈려!	

밑줄 친 부분을 영작한다면 어떤 조동사를 써야 할지 보기에서 골라서 쓰세요.

보기 | can cannot could may will used to would rather

1. 보라는 예전에 노래를 잘**하곤 했어**. ______
2. 그녀는 모든 노래를 잘 **부를 수 있었지**. ______
3. 그런데 오늘 목이 쉬어서 노래를 **부를 수 없어**. ______
4. 그녀는 내일 오디션에 **나갈지도 몰라**. ______
5. 그녀는 이 상태로는 노래보다 **차라리 랩을 하는 게 낫겠다고** 생각했어. ______

부정문의 축약형이 있는 조동사는 축약형을 쓰세요

보기에서 알맞은 조동사를 골라 긍정 평서문과 부정 평서문을 만드세요.

보기 | can could may will should used to had better would rather

1. He ___can___ cook very well. 그는 요리를 아주 잘할 수 있다.
   He ___can't___ cook very well. 그는 요리를 아주 잘할 수 없다.

2. Dad ________ get some rest on Sundays. 아빠는 일요일마다 쉴지도 모른다.
   Dad ________ get some rest on Sundays. 아빠는 일요일마다 쉬지 않을지도 모른다.

3. She ________ be a good singer. 그녀는 예전에(왕년에) 노래를 잘하곤 했다.
   She ________ be a good singer. 그녀는 예전에(왕년에) 노래를 잘 못하곤 했다.

4. We ________ eat all kinds of foods. 우리는 모든 종류의 음식을 먹을 수 있다.
   We ________ eat all kinds of foods. 우리는 모든 종류의 음식을 먹을 수 없다.

5. I ________ cook for him. 나는 차라리 그를 위해 요리하는 게 낫다.
   I ________ cook for him. 나는 차라리 그를 위해 요리하지 않는 게 낫다.

6. Mandy ________ start cooking this month. 맨디는 이번 달에 요리를 시작할 것이다.
   Mandy ________ start cooking this month. 맨디는 이번 달에 요리를 시작하지 않을 것이다.

7. You ________ cheat on exams. 너는 시험에서 부정행위를(커닝을) 해야 한다.
   ('커닝하다'라는 뜻.)
   You ________ cheat on exams. 너는 시험에서 부정행위를(커닝을) 하면 안 된다.

8. We ________ just sit and eat pizza. 우리는 그냥 앉아서 피자를 먹을 수 있었다.
   We ________ just sit and eat pizza. 우리는 그냥 앉아서 피자를 먹을 수 없었다.

9. You ________ go on a diet 너는 다이어트를 하는 게 낫다.
   ('다이어트하다'라는 뜻.)
   You ________ go on a diet. 너는 다이어트를 안 하는 게 낫다.

10. She ________ be able to relax on holidays. 그녀는 휴일마다 긴장을 풀 수 있을 것이다.
    She ________ be able to relax on holidays. 그녀는 휴일마다 긴장을 풀 수 없을 것이다.

11. I ________ watch him cook. 나는 차라리 그가 요리하는 것을 보는 게 낫다.
    I ________ watch him cook. 나는 차라리 그가 요리하는 것을 안 보는 게 낫다.

소화제 투입 I watch him cook. 5형식은 주어 + 동사 + 목적어 + 목적보어. 5형식 문장에 조동사가 있어도 문장의 형식은 변하지 않아. 그러니까 I might watch him cook.이든, I had better watch him cook.이든 모두 5형식이야.

부정문은 축약형으로 쓰세요.

Memorization 우리말을 보고 영어 문장을 완성하세요.

영어를 해석하는 데 만족하면 안 돼! 항상 우리말을 보고 영어로 말하려고 노력해 보자~

1. 샘은 예전에(왕년에) 훌륭한 요리사였다.

   ➡ Sam ______ ______ ______ a good cook.

2. 그는 모든 종류의 요리를 할 수 있었다.

   ➡ ______ ______ ______ all kinds of foods.

3. 하지만 그는 결혼한 후에 더 이상 요리할 수 없었다.

   ➡ But after he got married ______ ______ ______ any more.

4. 왜냐하면 그의 아내는 그가 요리하는 것을 원치 않기 때문이다.

   ➡ Because ______ ______ ______ ______ him to cook.

5. 그는 그녀가 요리하는 것을 지켜보는 게 낫다고 생각한다.

   ➡ He thinks ______ ______ ______ ______ her cook.

6. 그는 요리할 수 있지만 차라리 그녀가 요리하는 것을 돕는 게 낫다.

   ➡ ______ ______ ______ but he ______ ______ ______ her cook.

7. 그는 일요일마다 요리할지도 모른다. ➡ ______ ______ ______ on Sundays.

8. 또는 그는 휴일마다 요리할지도 모른다. ➡ Or ______ might ______ on holidays.

9. 또는 그녀가 아프면 요리할 것이다. ➡ Or ______ ______ ______ if she ______ ______.

10. 제인은 예전에 요리를 잘 못하곤 했다. ➡ ______ ______ ______ ______ a bad cook.

11. 그녀는 어떤 종류의 요리도 할 수 없었다. ➡ ______ ______ ______ any kinds of foods.

12. 하지만 그녀는 결혼한 후에 더 이상 그냥 앉아서 먹을 수 없었다.

    ➡ But after she got married ______ ______ just ______ and eat any more.

13. 왜냐하면 그녀는 남편한테 미안한 마음이 있었기 때문이다.

    ➡ Because ______ ______ ______ ______ her husband.

14. 그녀는 그녀가 그를 위해 요리하는 게 낫다고 생각한다.

    ➡ She thinks ______ ______ ______ ______ ______ ______ ______.

15. 그녀는 요리를 아주 잘할 수는 없지만 시도해 보는 게 낫다.

    ➡ ______ ______ ______ very well but she'd ______ ______ it a try.

16. 그녀는 일요일마다 긴장을 풀지도 모른다.

    ➡ ______ ______ ______ ______ Sundays.

소화제 투입

She got married.(그녀는 결혼했다.) 이 표현은 결혼했다는 상태 자체를 강조하는 표현이야. marry는 '결혼하다'라는 동사로 대개 누구와 결혼했다고 밝힐 때 많이 쓰고 get married는 굳이 결혼한 사람을 밝히지 않고 결혼했다는 사실만 밝힐 때 많이 써.
예) Sam got married last year.
샘은 작년에 결혼했다.
Sam married Jane.
(= Sam got married to Jane.)
샘은 제인과 결혼했다.

조동사 3 – 미래를 표현하는 조동사 will

내년에 중3이 되는 한 소년의 이야기

He is in the second grade.
그는 2학년이야.
He will be in the third grade next year.
그는 내년에 3학년이 될 거야.

I will get up early.
나는 일찍 일어날 거야.
I won't play games.
나는 게임하지 않을 거야.
I will study hard.
나는 열심히 공부할 거야.

will은 '~할 것이다'라는 뜻의 미래를 나타내는 대표적인 조동사야. 미래가 뭐냐고? 1초 뒤에 일어날 일은 다 미래지. 내년에 3학년이 되거나 내일 비가 오는 것처럼 will은 내 의지와 상관없이 시간이 흐르면 자연히 일어나게 될 상황 같은 단순한 미래나 내일 무슨 일이 있어도 일찍 일어나겠다거나 앞으로 공부를 열심히 하겠다는 등의 의지를 나타내기도 해. will도 조동사이니 (본)동사로는 역시 동사원형이 와야겠지?

빈칸에 알맞은 말을 쓰세요.

1. He will ________ in the third grade next year. 그는 내년에 3학년이 될 거야.
2. I ________ get up early. 나는 일찍 일어날 거야.
3. I ________ play games. 나는 게임하지 않을 거야.

정답 1. be 2. will 3. won't

미래를 나타내는 조동사 will(~할 것이다)

I will do that. 나는 그것을 할 것이다.

will: 조동사 / do: 동사원형

will의 부정은 will not(= won't) '~하지 않을 것이다'라는 뜻인 거 알고 있지?

조동사의 기본 원칙 3가지
① 동사 앞에 쓴다.
② 조동사 혼자만 못 쓴다.
③ 동사는 원형으로 쓴다. (주방 보조가 유능해서 주방장은 편하게 옷 벗고 쉬면 돼.)

■ **조동사 will의 활용**: 나의 일기를 통해 will의 쓰임을 알아보자.

〈My diary〉	〈나의 일기〉
I **will** get up early this weekend.	나는 이번 주말에 일찍 일어날 것이다.
Because my uncle **will** come to play with us.	왜냐하면 삼촌이 우리랑 같이 놀기 위해 올 것이기 때문이다.
Will we go fishing again as we did last month?	우리는 지난달처럼 다시 낚시하러 가게 될까?
Yes, we **will** and we **will** also go to our favorite restaurant. (← we will (go fishing) and~ 본동사가 없는 게 아니라 생략된 거야.)	맞다, 그럴 것이고 우리는 제일 좋아하는 식당에도 갈 것이다.
But we **won't** go bowling like the month before.	하지만 우리는 지난달처럼 볼링 치러 가지는 않을 것이다.
Because my uncle sprained his ankle.	왜냐하면 삼촌이 발목을 삐었기 때문이다.
Will he go see a doctor?	그는 의사에게 진찰을 받으러 갈까?
Of course, he **will**. ← he will (go).에서 go가 생략.	물론, 그는 갈 것이다.
I **won't** go to the clinic with him but I **will** pray for him.	나는 그와 함께 병원에 가지는 않을 것이지만 그를 위해 기도할 것이다.
Mom **will** make a lunch box for us and we **will** enjoy it.	엄마는 우리를 위해 도시락을 만들고 우리는 그것을 맛있게 먹을 것이다.
Will we go out and have a good time with him for good?	우리는 계속 그와 함께 나가서 즐겁게 지내게 될까?
Yes, we **will**.	그럼, 그럴 것이다.
At least I hope so.	최소한 나는 그러기를 희망한다.

소화제 투입

필수 단어 & 숙어 **as** ~대로 **the month before** 지난달(어느 시점의 전달) **sprain** 삐다 **see a doctor** 병원에 가다, 진찰을 받다 **ankle** 발목 **clinic** 동네의 작은 병원 cf) **hospital** 종합병원 **pray for** ~을 위해 기도하다 **go out** 외출하다 **have a good time** 즐거운 시간을 보내다 **for good** 영원히, 계속 **at least** 최소한

중요 문법
- come to play(놀기 위해 오다): to play의 'to + 동사원형'을 to부정사라고 하는데, '~하기 위해'라는 뜻으로 동사를 꾸며 주는 역할을 해.
- 『go + ~ing』: '~하러 가다'의 뜻으로, '~ing'는 동사원형에 ing를 붙이는 거야. 예) go fishing 낚시하러 가다, go bowling 볼링 치러 가다
- as we did(= went fishing): 앞에 나온 동사의 반복을 피하기 위해 do 동사를 쓰는데, 여기에서는 go fishing의 과거인 went fishing을 받는 말이야. 이때 동사를 대신하는 did를 대동사라고 불러.
- 『소유격 + favorite』: '(누가) 가장 좋아하는~'이라는 뜻으로, favorite은 보통 소유격 대명사와 함께 쓰여.
- go see: '~보러 가다'라는 뜻으로, 원래 두 개 이상의 동사들은 go to see나 go and see처럼 연결해야 하지만, go 뒤에 오는 동사는 이렇게 생략하고 쓸 수 있어.
- Mom will make a lunch box for us.: 'S + V + O'의 3형식 문장이지? 4형식으로 바꾸면, Mom will make us a lunch box.
- I hope so.: so는 '그렇게'라는 뜻의 부사야. 예) I think so. 나는 그렇게 생각한다.

■ 조동사 will의 4CC 연습하기

미래를 나타내는 조동사 will의 4CC 표를 완성해 보자. 단, 부정문은 축약형으로 쓰자.

긍정 평서문 ~할 것이다	긍정 의문문 ~하게 될까?	부정 평서문 ~안 할 것이다	부정 의문문 ~안 하게 될까?
I will do that. 나는 그것을 할 것이다.	Will I do that? 나는 그것을 하게 될까?	I won't do that. 나는 그것을 안 할 것이다.	Won't I do that? 나는 그것을 안 하게 될까?
You will do that. 너는 그것을 할 것이다.	______ 1 너는 그것을 하게 될까?	You won't do that. 너는 그것을 안 할 것이다.	Won't you do that? 너는 그것을 안 하게 될까?
He will do that. 그는 그것을 할 것이다.	Will he do that? 그는 그것을 하게 될까?	______ 4 그는 그것을 안 할 것이다.	Won't he do that? 그는 그것을 안 하게 될까?
She will do that. 그녀는 그것을 할 것이다.	______ 2 그녀는 그것을 하게 될까?	She won't do that. 그녀는 그것을 안 할 것이다.	______ 7 그녀는 그것을 안 하게 될까?
It will do that. 그것은 그것을 할 것이다.	Will it do that? 그것은 그것을 하게 될까?	______ 5 그것은 그것을 안 할 것이다.	Won't it do that? 그것은 그것을 안 하게 될까?
We will do that. 우리는 그것을 할 것이다.	______ 3 우리는 그것을 하게 될까?	We won't do that. 우리는 그것을 안 할 것이다.	Won't we do that? 우리는 그것을 안 하게 될까?
They will do that. 그들은 그것을 할 것이다.	Will they do that? 그들은 그것을 하게 될까?	______ 6 그들은 그것을 안 할 것이다.	Won't they do that? 그들은 그것을 안 하게 될까?

정답 1. Will you do that? 2. Will she do that? 3. Will we do that? 4. He won't do that. 5. It won't do that. 6. They won't do that. 7. Won't she do that?

우리말로 시작하기 아래 문장을 보고 영작한다면 어떤 시제를 써야 할지 고르세요.

1. 그는 98살이야. (과거, 현재, 미래)

2. 그는 내년에 99살이 돼. (과거, 현재, 미래)

3. 그는 행운아야. (과거, 현재, 미래)

4. 그는 유명한 가수였어. (과거, 현재, 미래)

5. 그는 여행을 갈 거야. (과거, 현재, 미래)

소화제 투입

will은 자신의 의지와 상관없이 자연히 일어나게 될 일을 말할 때와, 자신의 의지를 나타낼 때 모두 쓰여.

괄호 안의 동사를 시제와 문장 종류에 맞게 고쳐서 문장을 완성하세요.

동사 시제 4CC

1. She ___will get up___ early tomorrow. (get up / 미래 / 긍정 평서문)
그녀는 내일 일찍 일어날 것이다.

2. My friends __________ to play with us. (come / 미래 / 긍정 평서문)
내 친구들이 나랑 같이 놀기 위해 올 것이다.

3. ______ we ______ shopping? (go / 미래 / 긍정 의문문)
우리는 쇼핑하러 가게 될까?

4. I __________ today. (read / 미래 / 부정 평서문)
나는 오늘 책을 읽지 않을 것이다.

5. He __________ his favorite food. (eat / 미래 / 긍정 평서문)
그는 그가 가장 좋아하는 음식을 먹을 것이다.

6. They __________ the house. (buy / 미래 / 부정 평서문)
그들은 그 집을 사지 않을 것이다.

7. Joshua __________ his wrist. (sprain / 과거 / 긍정 평서문)
조슈아는 그의 손목을 삐었다.

8. ______ my brother ______ to the clinic? (go / 미래 / 긍정 의문문)
내 동생은 병원에 갈까?

9. I __________ with him any more. (study / 미래 / 부정 평서문)
나는 더 이상 그와 함께 공부하지 않을 것이다.

10. ______ he ______ to go out? (want / 미래 / 부정 의문문)
그가 나가기 원치 않을까?

11. ______ she really ______ for me? (pray / 미래 / 긍정 의문문)
그녀가 정말 나를 위해 기도해 줄까?

12. My boyfriend __________ a lunch box for me. (make / 미래 / 긍정 평서문)
내 남자친구가 날 위해 도시락을 만들어 줄 것이다.

13. They __________ the party. (enjoy / 미래 / 긍정 평서문)
그들은 그 파티를 즐길 것이다.

14. We __________ a good time. (have / 미래 / 부정 평서문)
우리는 즐거운 시간을 보내지 못할 것이다.

15. ______ you ______ basketball with me? (play / 미래 / 부정 의문문)
너는 나랑 농구하지 않을래?

Memorization 우리말을 보고 영어 문장을 완성하세요.

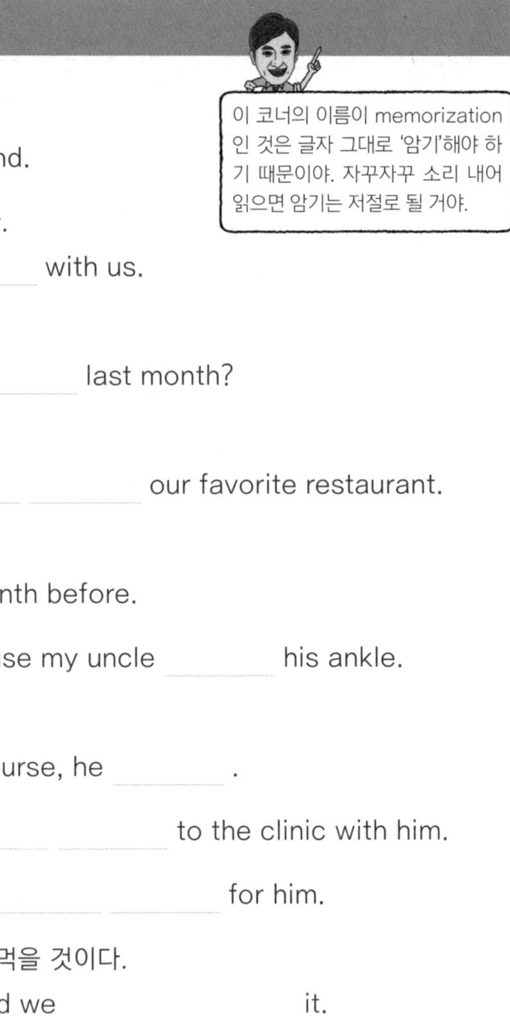

1. 나는 이번 주말에 일찍 일어날 것이다.
   ➡ I ______ ______ ______ early this weekend.
2. 왜냐하면 삼촌이 우리랑 놀아 주시기 위해 올 것이기 때문이다.
   ➡ Because my uncle ______ ______ to ______ with us.
3. 우리는 지난달처럼 다시 낚시하러 가게 될까?
   ➡ ______ we ______ ______ again as we ______ last month?
4. 맞다, 그럴 것이고 우리는 제일 좋아하는 식당에도 갈 것이다.
   ➡ Yes, we ______ and we ______ also ______ ______ our favorite restaurant.
5. 하지만 우리는 지난달처럼 볼링 치러 가지는 않을 것이다.
   ➡ But we ______ ______ ______ like the month before.
6. 왜냐하면 삼촌이 발목을 삐었기 때문이다. ➡ Because my uncle ______ his ankle.
7. 그는 의사에게 진찰을 받으러 갈까? 물론, 그는 갈 것이다.
   ➡ ______ he ______ ______ a doctor? Of course, he ______ .
8. 나는 그와 함께 병원에 가지는 않을 것이다. ➡ I ______ ______ to the clinic with him.
9. 하지만 나는 그를 위해 기도할 것이다. ➡ But I ______ ______ for him.
10. 엄마는 우리를 위해 도시락을 만들고 우리는 그것을 맛있게 먹을 것이다.
    ➡ Mom ______ ______ a lunch box for us and we ______ ______ it.
11. 우리는 계속 그와 함께 나가서 즐거운 시간을 보내게 될까?
    ➡ ______ we ______ ______ and ______ a ______ ______ with him for good?
12. 그럼, 그럴 것이다. 최소한 나는 그렇게 되길 희망한다.
    ➡ Yes, we ______ . At least I ______ ______ .

그림으로 기억하기 우리말을 보고 말풍선에 알맞은 문장을 쓰세요.

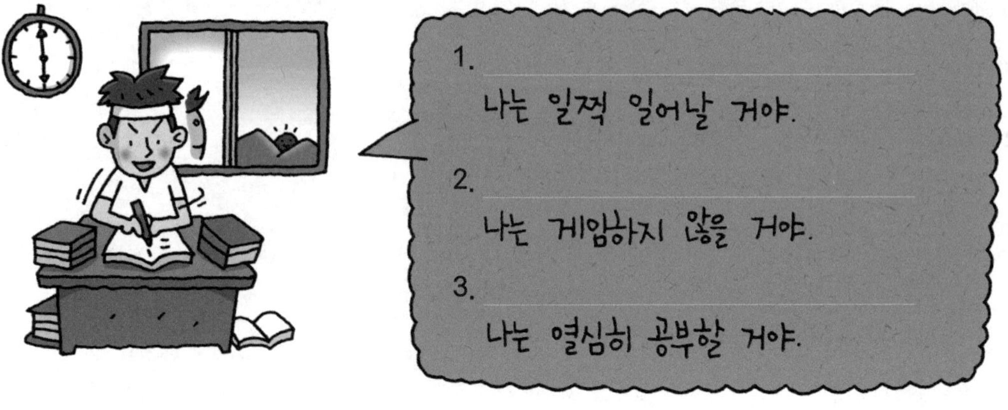

04 조동사 4 — 조동사계의 황태자, 매너남 would!

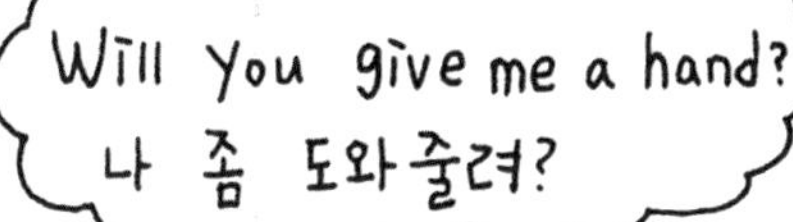

Would you give me a hand?
저 좀 도와주시겠어요?

give ~ a hand
도와주다(일손을 돕다)

I will go to your birthday party.
네 생일 파티에 갈게.
(무슨 일이 있어도 꼭 갈 거야.
넌 내 베프니까.)

I would go to your birthday party.
네 생일 파티에 가도록 할게.
(더 재밌는 일이 있으면 안 갈 수도 있지만.)

would는 공식적으로는 미래를 나타내는 조동사 will의 '과거형'이야. '미래의 과거형'이라는 말이 이상하지만, 이건 그냥 would의 공식적인 이름에 불과해. would는 will의 과거로 쓰일 때도 있지만 그보다는 will에 비해 불확실한 미래를 나타내거나 우리말의 존댓말처럼 정중하게 부탁할 때 자주 쓰는 조동사야. 그래서 조동사계의 황태자 또는 매너남이라고 불리기도 해.

우리말을 보고 괄호 안에서 알맞은 조동사를 고르세요.

1. I (will, would) go to school tomorrow. 나는 내일 학교에 (꼭) 갈 것이다.
2. I (will, would) go to the party. 나는 (어쩌면) 그 파티에 갈 것이다.
3. (Will, Would) you help me? 저 좀 도와주시겠어요?
4. (Will, Would) you help me? 나 좀 도와줄래?

정답 1. will 2. would 3. would 4. will

부드럽게 미래를 나타내는 조동사 would

would는 will과 같이 '~할 것이다'로 해석되지만, will보다는 부드러운 표현이야. would는 will과 달리 '(어쩌면) ~할 것이다'라는 느낌이지. 그래서 Will you~?는 '~해 줄래?'라는 뜻의 반말처럼 느껴지지만 Would you~?는 '너는 아마 할지도 몰라'라는 뜻에서 '~좀 해 주실래요?'라는 정중한 부탁의 느낌이 되는 거야.

I **would** do that. 나는 (어쩌면) 그것을 할 것이다.

Would you give me a hand? 저 좀 도와주시겠어요?

소화제 투입

give me a hand 손을 나에게 달라고? '나를 도와주다'라는 뜻이야. give와 a hand 사이에 her, him, us 같은 목적격 대명사를 써 주면 누군가를 도와준다는 뜻이 돼.
예) I would give you a hand.
내가 당신을 도와줄게요.

■ would의 활용

1. **would + 동사원형**: (어쩌면) ~할 것이다 (미래에 대한 부드러운 예측이나 가정)

would는 어떤 가정을 깔고 있는 미래를 나타낸다고 볼 수 있어.

A: **Would** you live in the city? A: (혹시 나중에) 너는 도시에서 살 거니?

B: No, I wouldn't. I **would** live in the suburbs. B: 아니, 안 그럴 거야. 나는 교외에서 살 거야(교외에서 살 것 같아).

suburb[sʌbəːrb] 도시 바깥 부근, 교외.

2. **Would you~?**: ~해 주시겠어요? (공손한 부탁)

A: **Would you** give me a hand? A: 저 좀 도와주시겠어요?

B: Sure, I **would**. Any time. B: 물론이죠, 그럴게요. 언제든지요.

소화제 투입

"Would you give me a hand?"에는 "혹시 시간이 되시거나 원하시면"이라는 말이 생략됐다고 보면 돼. 이때 hands가 아니라 a hand라는 것, 손이 하나라는 점도 주의하자~

3. **would like + 명사**: ~을 원하다 (정중한 표현)

A: **Would** you **like** some water? A: 물 좀 드릴까요?

(= **Would** you **like** to drink some water?) (= 마실 물 좀 드릴까요?)

B: Yes, please. And I **would like**(= **I'd like**) some ice-cream, too. B: 네, 부탁해요. 그리고 저는 아이스크림도 원해요.

would like는 'd like로 줄여 쓸 수 있어.

『would like + 명사』와 비슷한 구문으로는 『would like to + 동사원형』이 있어. 이것 역시 '~하기를 원하다'라는 뜻이야. 친한 사이에서는 같은 뜻으로 Do you want some water?나 Do you want to drink some water?라고 표현할 수 있어.

영어의 존댓말은 나이 순서가 아니라 친한 순서야. 친한 사이는 편하게 말하고, 안 친한 사이는 예의를 지켜서 정중한 표현을 써.

4. **would rather + 동사원형**: 차라리 ~하는 게 낫다

A: Would you like to go to the amusement park? A: 당신은 놀이공원에 가기를 원하십니까?

B: No. I **would rather** go to the swimming pool. B: 아니요. 저는 차라리 수영장에 가는 게 낫겠어요.

■ 조동사 would의 4CC 연습하기

부드럽게 미래를 나타내는 조동사, would의 4CC 표를 완성해 보자. 단, 부정문은 축약형으로 쓰자.

긍정 평서문 (어쩌면) 그것을 할 것이다.	긍정 의문문 (어쩌면) 그것을 하게 될까?	부정 평서문 (어쩌면) 그것을 안 할 것이다.	부정 의문문 (어쩌면) 그것을 안 하게 될까?
I would do that.	3 나는 (어쩌면) 그것을 하게 될까?	I wouldn't do that.	Wouldn't I do that?
1 너는 (어쩌면) 그것을 할 것이다.	Would you do that?	You wouldn't do that.	8 너는 (어쩌면) 그것을 안 하게 될까?
He would do that.	Would he do that?	6 그는 그것을 안 할 것이다.	Wouldn't he do that?
She would do that.	4 그녀는 (어쩌면) 그것을 하게 될까?	She wouldn't do that.	9 그녀는 (어쩌면) 그것을 안 하게 될까?
2 그것은 (어쩌면) 그것을 할 것이다.	Would it do that?	It wouldn't do that.	Wouldn't it do that?
We would do that.	5 우리는 (어쩌면) 그것을 하게 될까?	We wouldn't do that.	Wouldn't we do that?
They would do that.	Would they do that?	7 그들은 (어쩌면) 그것을 안 할 것이다.	Wouldn't they do that?

정답 1. You would do that. 2. It would do that. 3. Would I do that? 4. Would she do that? 5. Would we do that? 6. He wouldn't do that. 7. They wouldn't do that. 8. Wouldn't you do that? 9. Wouldn't she do that?

소리내서 말해 보지 않는다면 그건 어학 공부가 아니지? 자연스럽게 나오지 않는 말은 V표시를 해 뒀다가 반복해서 연습해 보자.
would[wəd]는 '우드'가 아니라 '워드'처럼 발음하는데, 그 차이는 입을 더 조그맣게 한다는 거야.
Would I는 [d] 발음이 I의 모음 [a]와 만나면서 [ㄹ]로 바뀌어 [wəlai: 워라이]로 발음돼.
Would you는 [d] 발음이 you의 반자음 [j]와 만나면서 [dʒ]로 바뀌어 [wədʒu: 웓주]로 발음돼.

우리말을 보고 밑줄 친 부분에 알맞은 표현을 고르세요.

1. 나는 내일 꼭 영화 보러 **갈 거야**. (will, would)
2. 나는 어쩌면 오늘 **갈 거야**. (will, would)
3. 나는 **차라리** 서점에 **가는 게 낫겠어**. (would like, would rather)
4. 다른 행성에서 살 수 있다면 너는 **갈 거니**? (will, would) ← 가정을 깔고 있는 미래.
5. 나는 반드시 지구에서 죽을 때까지 **살 거야**. (will, would)
6. 피자를 **원하세요**, 아니면 스파게티를 **원하세요**? (would like, would rather)

소화제 투입

would + 동사원형: (어쩌면) ~할 것이다
(미래에 대한 부드러운 예측이나 가정)
would like + 명사: ~을 원하다
would rather + 동사원형: 차라리 ~하는 편이 낫다

1 would나 would like를 이용해서 공손한 표현으로 고치세요.

1. Will you do me a favor? 부탁 좀 들어줄래?
   ➡ Would you do me a favor? 부탁 좀 들어주시겠어요?
2. Do you want some milk? 너는 우유를 원하니?
   ➡ ______ you like some milk? 우유 좀 드시겠어요?
3. Will you open the door? 문 좀 열어 줄래?
   ➡ ______ you ______ the door? 문 좀 열어 주시겠어요?
4. I want to talk to you. 나는 너랑 말하고 싶다.
   ➡ I ______ talk to you. 저는 당신과 말하고 싶습니다.
5. Do you want to dance with me? 나와 춤출래(춤추길 원해)?
   ➡ ______ you ______ to dance with me? 저와 춤추시겠어요?
6. Will you pass me the salt? 그 소금 좀 건네줄래?
   ➡ ______ me the salt? 그 소금 좀 건네주시겠어요?

소화제 투입

'우유 좀 드시겠어요?' 라고 말하는 두 가지 방법
Would you like some milk?
Would you like to drink some milk?
『would like + **명사**』와 비슷한 구문으로 『would like to + **동사원형**』이 있어.

'~을 원한다' 라고 말할 때, 친한 사이에서는 편하게 want to를, 안 친한 사이에서는 공손하게 would like to를 써.

영어로 해보기

2 밑줄 친 부분을 어법에 맞게 고쳐 문장을 다시 쓰세요.

1. I <u>would rather to live</u> in the suburbs. 나는 차라리 교외에서 살 거야.
   ➡
2. <u>Would you opening</u> the window? 창문 좀 열어 주시겠어요?
   ➡
3. <u>Would you like to</u> some juice? 주스 좀 드시겠어요?
   ➡
4. <u>Would you like go</u> shopping on Sunday? 일요일에 쇼핑 가시겠어요?
   ➡
5. I <u>would going</u> to the amusement park tomorrow. 나는 내일 (어쩌면) 놀이공원에 갈 거야.
   ➡

소화제 투입

필수 단어 & 숙어 do ~ a favor ~의 부탁을 들어주다 pass 건네주다 in the suburbs 교외에서 amusement park 놀이공원

Memorization 우리말을 보고 영어 문장을 완성하세요.

1. (혹시 나중에) 너는 도시에서 살 거니?

➡ ______ ______ ______ in the city?

2. 아니, 안 그럴 거야. 나는 교외에서 살 거야(것 같아).

➡ ______, ______ ______. ______ ______ ______ in the suburbs.

3. 저 좀 도와주시겠어요?

➡ ______ ______ ______ ______ a hand?

4. 물론이죠, 그럴게요. 언제든지요.

➡ Sure, ______ ______. ______ ______.

5. 물 좀 드시겠어요?

➡ ______ ______ ______ ______ ______?

6. 네, 그럴게요. 그리고 저는 아이스크림도 원합니다.

➡ ______, ______. And ______ ______ ______ some ice-cream, too.

7. 당신은 놀이공원에 가기를 원하십니까?

➡ ______ ______ ______ ______ go to the amusement park?

8. 아니요. 저는 차라리 수영장에 가는 게 낫겠어요.

➡ ______. ______ ______ ______ go to the swimming pool.

그림으로 기억하기 빈칸에 will과 would 중 알맞은 것을 쓰세요.

1.

2.

I ______ go to your birthday party.
네 생일 파티에 가도록 할게.
(더 재밌는 일이 있으면 안 갈 수도 있지만.)
불확실한 미래

05 조동사 5 — 의무를 나타내는 조동사 should, must

의무의 강도 should < must

should, must는 '~을 해야 한다'라는 뜻을 가진, 의무를 나타내는 조동사야. 사람이 하고 싶은 것만 하고 살 수는 없잖아. 부담되지만 아주 중요한 조동사들이지. 의무를 나타내는 조동사 must, should의 차이는 다음과 같아.

- should: 당연히 해야 할 것, 하는 게 좋은 것을 말할 때 쓴다. 의무, 권유나 충고
- must: 안 하면 큰일 나는, 꼭 해야 할 것을 말할 때 쓴다. 강한 의무

should, must 중 다음 밑줄에 알맞은 조동사를 쓰세요.

1. You ________ keep your promise. 너는 약속을 지켜야 한다. (지키는 게 좋을걸?)
2. He ________ tell the truth. 그는 (반드시) 진실을 말해야 한다. (말하지 않으면 큰일 나.)

정답 1. should 2. must

일상적으로 지켜야 할 의무는 should, 안 하면 큰일 나는 의무는 must!

의무를 나타내는 조동사 should와 must를 공부해 보자. should와 must의 차이를 문장을 통해 알아볼까?

You **should** do your homework every day. 너는 매일 숙제를 해야 된다. ←— 일상적으로 지켜야 되는 의무

You **must** turn in your homework by tomorrow. 너는 내일까지 (꼭) 숙제를 제출해야 한다. ←— 안 하면 큰일 나는 의무
('turn in' ←— '제출하다'라는 뜻. 받은 걸 휙 돌아(turn) 되돌려주는 느낌으로 외우자.)

should의 부정은 should not(shouldn't)으로 '~하면 안 된다', '~하지 말아야 한다'는 권유의 뜻이야. 그리고 must의 형식상의 부정인 must not(mustn't)은 '(절대) ~하면 안 된다'는 뜻으로 강한 금지를 나타내.

You **should not** eat too much candies. 너는 사탕을 너무 많이 먹지 말아야 한다. ←— 권유

You **must not** swim in the river. 너는 (절대) 강에서 수영하면 안 된다. ←— 강한 금지

■ 조동사 should와 must의 4CC 연습하기: 빈칸을 채운 다음, 문장을 읽으며 연습하자.

should: (일상적으로) ~을 해야 한다		shouldn't(should not): ~을 하지 말아야 한다	권유
긍정 평서문 그것을 해야 한다.	긍정 의문문 그것을 해야 하니?	부정 평서문 그것을 하지 말아야 한다.	부정 의문문 그것을 하지 말아야 하니?
I should do that.	Should I do that?	I shouldn't do that.	Shouldn't I do that?
You should do that.	1 ______ 너는 그것을 해야 하니?	You shouldn't do that.	Shouldn't you do that?
He should do that.	Should he do that?	2 ______ 그는 그것을 하지 말아야 한다.	Shouldn't he do that?
We should do that.	Should we do that?	3 ______ 우리는 그것을 하지 말아야 한다.	Shouldn't we do that?

must: (반드시) ~을 해야 한다		mustn't(must not): (절대) ~을 하면 안 된다	강한 금지
긍정 평서문 그것을 해야 한다.	긍정 의문문 그것을 해야 하니?	부정 평서문 그것을 하면 안 된다.	부정 의문문 그것을 하면 안 되니?
I must do that.	Must I do that?	I mustn't do that.	Mustn't I do that?
You must do that.	5 ______ 너는 그것을 해야 하니?	You mustn't do that.	Mustn't you do that?
She must do that.	Must she do that?	She mustn't do that.	7 ______ 그녀는 그것을 하면 안 되니?
4 ______ 우리는 그것을 해야 한다.	Must we do that?	We mustn't do that.	Mustn't we do that?
They must do that.	Must they do that?	6 ______ 그들은 그것을 하면 안 된다.	Mustn't they do that?

정답 1. Should you do that? 2. He shouldn't do that. 3. We shouldn't do that. 4. We must do that. 5. Must you do that? 6. They mustn't do that. 7. Mustn't she do that?

■ 조동사 should와 must의 활용

1. 의무: should, must(~을 해야 한다)와 have(has) to

must가 should보다 더 강한 의미를 담고 있어. 일상적일 때 should, 안 하면 큰일 날 때 must!

A: **Should** you walk to work? — A: 너는 걸어서 직장에 가야 하니?

B: Right. I s__________ 1 walk to work today. — B: 맞아. 나는 오늘 걸어서 직장에 가야 해.

(Should로 물어볼 경우, Yes 대신 Right이라고 대답할 수도 있어.)

A: You m__________ 2 turn in the paper by tomorrow. — A: 너는 내일까지 숙제를 제출해야 해. (강한 의무!)

(homework와의 차이는? paper는 리포트를 써 오는 숙제일 때 써.)

B: Got it. I will. — B: 알았어. 그렇게 할게.

(Got it. 앞에 주어 I가 생략된 거야.)

정답 1. should 2. must

이처럼 must가 '~해야 한다'는 뜻일 때는 have to로 바꿔 쓸 수 있어. 이때, 의미상의 부정은 must not(~하면 안 된다)이 아닌, don't have to(~할 필요가 없다)야.

앞에서 배운 must not은 절대 안 되는, '강한 금지'를 나타낼 때만 써. must의 다른 부정형인 don't have to를 기억해 두자!

You **must** turn in the paper by tomorrow. 너는 내일까지 숙제를 제출해야 한다.

= You h____ t____ 1 turn in the paper by tomorrow.

You don't__________ 2 turn in the paper by tomorrow. 너는 내일까지 숙제를 제출할 필요가 없다.

정답 1. have to 2. don't have to

2. 추측: should be(~일 것이다), must be(~임에 틀림없다)

should와 must는 '의무(~해야 한다)'뿐만 아니라 '추측(~일 것이다)'의 의미로 쓰이기도 해. should나 must 다음에 be동사가 나오면 추측을 나타내.

A: You **should be** Mr. Tolkin. — A: 당신이 톨킨 씨일 것 같아요.(당신이 톨킨 씨 맞죠?)

B: No, you are mistaken. He s__________ 1 Mr. Tolkin. — B: 아니에요, 착각하셨어요. 그가 톨킨 씨일 거예요.

(틀림없다고 확신하는 강한 추측일 때 써.)

A: She m__________ 2 the one. — A: 그녀가 그 사람이 틀림없어.

B: No, she **can't be** the one. She is 89 years old. — B: 아니야, 그녀가 그 사람일 리 없어. 그녀는 89세야.

(강한 추측인 must be의 부정은 must not be가 아닌 can't be!)

정답 should be 2. must be

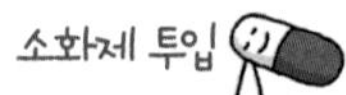

필수 단어 & 숙어 walk to work 걸어서 직장에 가다 mistaken 잘못 알고 있는, 착각하는

must의 서로 다른 부정문 3가지

- 강한 금지: must not(절대 ~하면 안 된다)
- 불필요의 뜻: don't have to(~할 필요가 없다)
- 추측 must be(~임에 틀림없다)의 부정일 때: can't be(~일 리가 없다)

의미상으로나, 일상적으로 많이 쓰는 건 don't have to야.

1 괄호 안에 들어갈 알맞은 조동사를 골라 동그라미하세요.

1. I (should, would) walk to school. 나는 걸어서 학교에 가야 한다. (일상적으로 해야 해.)
2. I (shoud, must) turn in the paper by tomorrow. 나는 내일까지 숙제를 제출해야 한다. (안 하면 큰일 나~)
3. You (should, would) take care of children. 너는 아이들을 돌봐야 한다.
4. Patients (should, must) wear a mask. 환자들은 마스크를 꼭 써야 한다. (안 하면 큰일 나~)
5. You (should, would) clean your room. 너는 네 방을 청소해야 한다.
6. He (should be, can be) Bob's brother. 그가 밥의 형일 것이다.
7. She (must be, can be) Jane. 그녀가 제인임에 틀림없어.
8. You (must not, don't have to) do your homework. 너는 숙제를 할 필요가 없다.
9. We (must not, don't have to) eat this mushroom. 우리는 이 버섯을 먹으면 안 된다.
10. Students (must not, don't have to) cheat on exams. 학생들은 시험 중에 부정행위를(커닝을) 하면 안 된다.

소화제 투입

의무의 조동사
1. should: 일상적으로 당연히 해야 할 것을 말할 때
2. must: 안 하면 큰일 나는 꼭 해야 할 것을 말할 때

추측의 조동사
1. shoud be~(~일 것이다)
2. must be~(~임에 틀림없다)

영어로 해보기

2 주어진 문장들을 보기와 같이 부정문으로 만드세요.

보기 | You must finish your homework. 너는 숙제를 (반드시) 끝내야 한다.
➡ You don't have to finish your homework. 너는 숙제를 끝낼 필요가 없다.
He must be Tom. 그가 톰임에 틀림없다.
➡ He can't be Tom. 그가 톰일 리가 없다.

1. You must get some rest. 너는 (반드시) 쉬어야 한다.
   ➡ __________ 너는 쉴 필요가 없다.
2. She must be an actress. 그녀는 배우임에 틀림없다.
   ➡ __________ 그녀는 배우일 리가 없다.
3. We must write the report. 우리는 그 보고서를 써야 한다.
   ➡ __________ 우리는 그 보고서를 쓸 필요가 없다.
4. He must be mad at me. 그는 나에게 화난 게 틀림없다.
   ➡ __________ 그는 나에게 화났을 리가 없다.

소화제 투입

필수 단어 & 숙어 **patient** 환자 **mushroom** 버섯 **actress** 여자 배우 cf) **actor** 남자 배우 **be mad at** ~에게 화내다

Memorization 우리말을 보고 영어 문장을 완성하세요.

1. 너는 걸어서 직장에 가야 하니? ➡ ______ you ______ ______ ______ ?

2. 맞아. 나는 오늘 걸어서 직장에 가야 해.

➡ ______. I ______ ______ ______ ______ today.

여기서는 본문에 나오는 문장을 외울 거야. 문장을 완성한 다음, 우리말만 보고 말할 수 있는지 확인하고 넘어가자.

3. 너는 내일까지 반드시 숙제를 내야 해.

➡ You must ______ ______ the paper by tomorrow.

4. 알았어. ➡ ______ it.

5. 그렇게 할게. ➡ I ______.

6. 당신이 톨킨 씨일 것 같아요. (톨킨 씨죠?) ➡ You ______ ______ Mr. Tolkin.

7. 아니에요, 착각하셨어요. ➡ No, ______ ______ ______.

8. 그가 톨킨 씨일 거예요. ➡ He ______ ______ Mr. Tolkin.

9. 그녀가 그 사람이 틀림없어. ➡ She ______ ______ the one.

10. 아니야, 그녀가 그 사람일 리 없어. ➡ No, she ______ ______ the one.

11. 그녀는 89세야. ➡ ______ ______ 89 years old.

그림으로 기억하기 빈 칸에 should와 must 중에 알맞은 것을 쓰세요.

1. I ______ finish it.

오늘 마쳐야 해.
(하기만 하면 OK!)

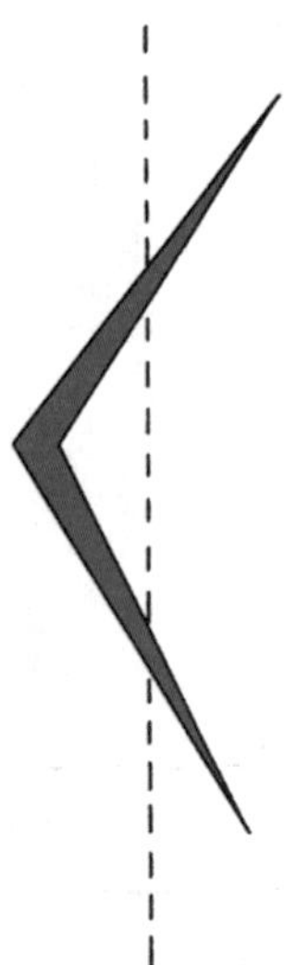

2. I ______ finish it.

반드시 끝내야 해.
(안 하면 큰일 나.)

06 조동사 6 — 의무, 허가, 습관을 나타내는 조동사

이번 과에서는 의무, 허가, 습관을 표현하는 조동사를 배울 거야.
그 중에서도 의무를 나타내는 조동사 have to는 특이하게 일반동사처럼 변하니, 주의해야 해!

조동사는 동사의 의미를 풍성하고 다양하게 만들어 주는 역할을 하지. 그만큼 조동사는 정말 자주 사용되기 때문에 잘 익혀 둬야 해. 그중에서도 have to는 조동사이면서도, 일반동사처럼 변하는 조동사계의 '트랜스포머'야.

have to는 조동사이지만 일반동사처럼 변합니다. 다음 문장을 부정문으로 바꾸세요.

1. You have to go. ➡ You ______[1] have to go.
2. He has to go. ➡ He doesn't ______[2] to go.

정답 1. don't 2. have

의무, 허가, 습관을 표현하는 조동사 - have to, may, might, used to, will, would

■ 의무를 나타내는 조동사: have to(~을 해야 한다)

have to는 일반동사처럼 변해. 주어가 3인칭 단수이고 현재일 때는 has to, 과거일 때는 모두 had to, 미래일 때는 무조건 will have to로 나타내. 부정문도 일반동사처럼 don't(doesn't) have to, didn't have to, won't have to로 표현해.

소화제 투입

우리말로 생각해 보자. '할 필요 없다'와 '(절대) 하면 안 된다'는 완전히 다른 말이잖아. 그러니 don't have to와 must not은 바꾸어 쓰면 안 돼.
예) You don't have to run. 너는 뛸 필요 없어.
You must not run. 너는 (절대) 뛰면 안 돼.

긍정문	부정문
You **have to** leave. 너는 떠나야 한다. (현재)	You **don't have to** leave. 너는 떠날 필요가 없다.
You **had to** leave. 너는 떠나야 했다. (과거)	You **didn't have to** leave. 너는 떠날 필요가 없었다.
You **will have to** leave. 너는 떠나야만 할 것이다. (미래)	You **won't have to** leave. 너는 떠나야 할 필요가 없을 것이다.

A: Do you **have to** visit Mr. Bunt tomorrow? A: 너는 내일 번트 씨를 방문해야 하니?

B: No. I **don't have to**. But I should call him instead. B: 아니. 그럴 필요 없어. 하지만 대신 그에게 전화해야 해.

■ 의무를 나타내는 조동사 have to 연습하기

have to: ~해야 한다

don't have to: ~할 필요 없다

긍정 평서문 그것을 해야 한다.	긍정 의문문 그것을 해야 하니?	부정 평서문 그것을 할 필요 없다.	부정 의문문 그것을 할 필요 없니?
I have to do that.	Do I have to do that?	I don't have to do that.	Don't I have to do that?
You have to do that.	3 ______ 너는 그것을 해야 하니?	You don't have to do that.	5 ______ 너는 그것을 할 필요 없니?
He has to do that.	Does he have to do that?	4 ______ 그는 그것을 할 필요 없다.	Doesn't he have to do that?
1 ______ 그녀는 그것을 해야 한다.	Does she have to do that?	She doesn't have to do that.	Doesn't she have to do that?
It has to do that.	Does it have to do that?	It doesn't have to do that.	6 ______ 그것은 그것을 할 필요 없니?
We have to do that.	Do we have to do that?	We don't have to do that.	Don't we have to do that?
2 ______ 그들은 그것을 해야 한다.	Do they have to do that?	They don't have to do that.	Don't they have to do that?

정답 1. She has to do that. 2. They have to do that. 3. Do you have to do that? 4. He doesn't have to do that. 5. Don't you have to do that? 6. Doesn't it have to do that?

■ 추측, 허가를 나타내는 조동사: may, might, can

> may보다 might가 약한 추측이야. may는 가능성 반반(선생님일 수도 있고 아닐 수도 있어).
> He might be a teacher.는 '선생님이 아닌 거 같지만 선생님일 수도 있다' 정도의 느낌이야.

1. may, might(~할지도 모른다, ~해도 좋다)

   He **may(might)** be a teacher. 그는 선생님일지 모른다. 추측

   You **may(might)** leave now. 너는 지금 가도 된다. 허가

2. can(~할 수 있다, ~해도 좋다)

   I **can** help you. = I am able to help you. 나는 너를 도울 수 있다. 능력

   Can I borrow your umbrella? 내가 너의 우산을 빌려도 되겠니? 허가 = may

   - Yes, you **can**. / No, you **can't**. 응, 빌려도 돼. / 아니, 안 돼.

can은 가까운 사이에서 허락을 구할 때, may는 예의를 차려야 할 사이에서 공손하게 표현할 때 쓸 수 있어.

A: **May(Might)** I use your cellphone? A: 내가 너의 휴대폰을 써도 되겠니? 허가

B: No problem. You **can** use mine. B: 당연하지. 너는 내 것을 써도 돼. 허가

내 것(= my cellphone).

cellphone은 휴대폰, mobile phone이라고도 해. 그리고 핸드폰(hand phone)은 콩글리시니, 영어에서는 쓰면 안 돼.

■ 습관을 나타내는 조동사: used to, would, will

1. 과거의 규칙적인 습관: used to(~하곤 했다)

   I **used to** go to church on Sundays. 나는 일요일마다 교회에 가곤 했다.

2. 과거의 불규칙적인 습관: would(~하곤 했다)

   I **would** go to the movies with him. 나는 그와 영화를 보러 가곤 했다.

3. 현재의 습관: will(~하곤 한다)

   She **will** sit here for hours. 그녀는 여기에 몇 시간씩 앉아 있곤 한다.

소화제 투입

> 현재 어떤 일을 습관처럼 반복하고 있다면, 우리는 그가 미래에도 (불확실하지만) 그 일을 할 것이라고 예상할 거야. 따라서 will의 '미래에 대한 추측'의 의미는 '현재의 습관'을 나타내는 의미로 자연스럽게 확장될 수 있지.

A: What did you **use to** do? (when you were a kid) A: 너는 무엇을 하곤 했었니? (네가 어렸을 때)

B: I **used to** go to kindergarten every day. B: 나는 매일 유치원에 가곤 했어.

And I **would** sit in the corner all day long. 그리고 하루 종일 구석에 앉아 있곤 했어.

And my son **will** do that nowadays. 그리고 요즘은 우리 아들이 그렇게 하곤 해.

소화제 투입

> What did you use to do?에서 used to는 그 자체가 과거 시제로 표현된 조동사인데, 의문문은 'did + 주어 + use to~'로 하면 돼. 여기에서 what은 의문사야. 의문사가 들어간 의문문은 이렇게 '의문사 + 조동사 + 주어 + 동사원형'의 순서로 하면 돼.

1 have to를 이용해 괄호 안의 시제에 알맞은 문장으로 바꾸세요.

1. You must visit Mr. Bunt now. 너는 지금 번트 씨를 방문해야 한다.
   ➡ You ___have to___ visit Mr. Burn now. (현재) 너는 지금 번트 씨를 방문해야 한다.
2. I must see the dentist. 나는 치과에 가야 한다.
   ➡ I ________ see the dentist next month. (미래) 나는 다음 달에 치과에 가야 할 것이다.
   ('치과에 가다' 라는 뜻.)
3. She must get up early every day. 그녀는 매일 일찍 일어나야 한다.
   ➡ She ________ get up early every day. (현재) 그녀는 매일 일찍 일어나야 한다.
4. I must turn in the paper. 나는 숙제를 내야 한다.
   ➡ I ________ turn in the paper yesterday. (과거) 나는 어제 숙제를 내야 했다.
5. We must brush our teeth after meals. 우리는 식사 후에 이를 닦아야 한다.
   ➡ We ________ brush our teeth after meals. (현재) 우리는 식사 후에 이를 닦아야 한다.
6. You must leave here. 너는 여기를 떠나야 한다.
   ➡ You ________ leave here tomorrow. (미래) 너는 내일 여기를 떠나야 할 것이다.
7. They must go to Canada. 그들은 캐나다에 가야 한다.
   ➡ They ________ go to Canada last year. (과거) 그들은 작년에 캐나다에 가야만 했다.

소화제 투입

must가 '금지'가 아닌 의무(~해야 한다)의 뜻일 때는 have to로 바꿔 쓸 있다는 것과 조동사 have to는 일반동사처럼 바뀐다는 거 잊지 마!
현재형: 3인칭 단수일 때 has to 과거형: had to 미래형: will have to

영어로 해보기

2 제시된 단어들을 이용해서 보기와 같이 대화를 완성하세요.

보기 | A: What did you do on holidays? go fishing 너는 휴일마다 뭐 했니?
B: I used to go fishing on holidays. 나는 휴일마다 낚시하러 가곤 했어.

1. A: What did Michael do on Sundays? go to church 마이클은 일요일마다 뭐 했니?
   B: He ________________ on Sundays. 그는 일요일마다 늘 교회에 가곤 했어.
2. A: What did they do on weekends? get some rest 그들은 주말마다 뭐 했니?
   B: They ________________ on weekends. 그들은 주말마다 휴식을 취하곤 했어.
3. A: What did she do on her vacation? travel abroad 그녀는 방학 중에 뭐 했니?
   ('해외 여행을 하다' 라는 뜻.)
   B: She ________________ on her vacation. 그녀는 방학 중에 해외 여행을 하곤 했어.
4. A: What did you and Tim do in winter? watch movies 너랑 팀은 겨울에 뭐 했니?
   B: We ________________ in winter. 우리는 겨울에 영화를 보곤 했어.
5. A: What did you do on your birthday? have a party 너는 생일에 뭐 했니?
   B: I ________________ on my birthday. 나는 생일에 파티를 하곤 했어.

Memorization 우리말을 보고 have to를 이용해서 영어 문장을 완성하세요.

have to는 조동사지만 일반동사처럼 주어의 인칭과 시제에 따라 변한다는 거 잊지 말자!

긍정 평서문	긍정 의문문
1. 나는 그것을 해야 한다. ➡ I have to do that.	8. 나는 그것을 해야 하니? ➡
2. 너는 그것을 해야 한다. ➡ You	9. 너는 그것을 해야 하니? ➡
3. 그는 그것을 해야 한다. ➡ He	10. 그는 그것을 해야 하니? ➡
4. 그녀는 그것을 해야 한다. ➡ She	11. 그녀는 그것을 해야 하니? ➡
5. 그것은 그것을 해야 한다. ➡ It	12. 그것은 그것을 해야 하니? ➡
6. 그들은 그것을 해야 한다. ➡ They	13. 그들은 그것을 해야 하니? ➡
7. 우리는 그것을 해야 한다. ➡ We	14. 우리는 그것을 해야 하니? ➡
부정 평서문	**부정 의문문**
15. 나는 그것을 할 필요 없다. ➡ I	22. 나는 그것을 할 필요 없니? ➡
16. 너는 그것을 할 필요 없다. ➡ You	23. 너는 그것을 할 필요 없니? ➡
17. 그는 그것을 할 필요 없다. ➡ He	24. 그는 그것을 할 필요 없니? ➡
18. 그녀는 그것을 할 필요 없다. ➡ She	25. 그녀는 그것을 할 필요 없니? ➡
19. 그것은 그것을 할 필요 없다. ➡ It	26. 그것은 그것을 할 필요 없니? ➡
20. 그들은 그것을 할 필요 없다. ➡ They	27. 그들은 그것을 할 필요 없니? ➡
21. 우리는 그것을 할 필요 없다. ➡ We	28. 우리는 그것을 할 필요 없니? ➡

07 조동사 7 — 잘생겨서 여기저기 불려 다니는 조동사 do, had better

do는 우리가 일반동사의 부정문과 의문문을 만들 때 이미 쓰고 있었어. do, does, did까지 모두 조동사야. 그리고 do는 동사의 의미를 강조할 때(강조 용법)나 앞에 나온 동사를 대신할 때(대동사)도 쓰여. do는 사람으로 치면 잘 생겨서 여기저기 불려 다니는 인기남이라고 할 수 있어. had better은 '~하는 게 낫다'라는 뜻으로 앞에서 맛보기로 대충 훑고 지나갔었지? 이제 문장에서 어떻게 활용되는지 자세히 공부해 볼 거야.

밑줄 친 부분에 알맞은 말을 쓰세요.

1. She likes McDonald's hamburgers. (의문문으로) 그녀는 맥도날드 햄버거를 좋아한다.
   ➡ Does she ________ McDonald's hamburgers? 그녀는 맥도날드 햄버거를 좋아하니?
2. I ________ like McDonald's ice-cream. (강조 용법) 나는 맥도날드 아이스크림을 진짜(정말로) 좋아한다.
3. So ________ I. I love all kinds ice-cream. (대동사) 나도 그래. 나는 모든 종류의 아이스크림을 완전 좋아해.

정답 1. like 2. do 3. do

하는 일 많은 팔방미인 조동사 do, 충고나 조언을 나타내는 조동사 had better

■ 하는 일 많은 do: 조동사, 강조 용법, 대동사 3가지 용법

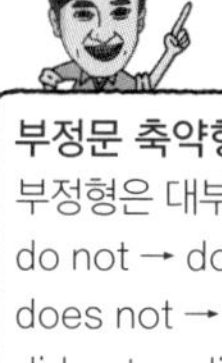

부정문 축약형 평생 기억하기
부정형은 대부분 축약형으로 써.
do not → don't
does not → doesn't
did not → didn't
모두 두 단어를 띄어 쓰지 않고 붙인 후 not의 o를 빼고 그 대신 '가 붙은 거야.

1. 조동사: 일반동사의 의문문과 부정문을 만들 때 쓰여.

Do you think so? 너는 그렇게 생각하니?

I **don't** think so. 나는 그렇게 생각하지 않는다.

2. 강조 용법: 동사의 의미를 강조할 때 쓰여(do + 동사원형).

I **do** think so. 나는 진짜 그렇게 생각한다.

I **did** think so. 나는 정말로 그렇게 생각했다.

He **does** think so. 그는 정말로 그렇게 생각한다.
(주어가 3인칭 단수일 때는 does를 써.)

강조 용법의 do는 '진짜, 정말로' 등의 뜻이야. 이때 do는 조동사 역할을 하므로 뒤에는 동사원형이 나와.

3. 대동사: 앞에 나온 동사를 대신해서 쓰여.

대동사 do
do가 대동사로 쓰일 때 so, neither이 앞에 오면 주어와 do의 위치가 바뀌어.
So / Neither + do + 주어

Who ate this ice-cream? 누가 이 아이스크림 먹었니?

- I **did**. 내가 먹었어.
(앞에 나온 ate을 대신해서 쓴 거야.)

I like ice-cream very much. 나는 아이스크림을 아주 많이 좋아해.

- So **do** I(you, we, they). 나(너, 우리, 그들)도 그래.

So **does** he(she, it). 그(그녀, 그것)도 그래.

I **don't** like ice-cream very much. 나는 아이스크림을 그다지 좋아하지는 않아.
(조동사로 쓰임.)

- Neither **does** he.(= He doesn't like it very much, either.) 그도 좋아하지 않아.

Neither **do** I(you, we, they). 나(너, 우리, 그들)도 좋아하지 않아.

■ 조동사 had better(~을 하는 게 낫다)

should보다 더 강한 표현으로, 축약형은 'd better라고 쓰고 부정은 had better not이야.

had better는 의문문과 부정 의문문으로는 잘 쓰지 않아. 긍정 평서문과 부정 평서문 2CC만 잘 익히자.

긍정 평서문 ~을 하는 게 낫다	부정 평서문 ~을 하지 않는 게 낫다
I'd better do that. 나는 그것을 하는 게 낫다.	I'd better not do that. 나는 그것을 하지 않는 게 낫다.
You'd better do that. 너는 그것을 하는 게 낫다.	You'd better not ___2 do that. 너는 그것을 하지 않는 게 낫다.
He'd better do that. 그는 그것을 하는 게 낫다.	He ___3 그는 그것을 하지 않는 게 낫다.
They ___1 그들은 그것을 하는 게 낫다.	They'd better not do that. 그들은 그것을 하지 않는 게 낫다.

정답 1. They'd better do that. 2. You'd better not 3. He'd better not do that.

■ **do, had better의 활용**: 아이스크림을 좋아하는 나와 싫어하는 짐의 이야기로 공부해 보자.

A: I love to eat McDonald's ice-cream.	A: 나는 맥도날드 아이스크림 먹는 것을 완전 좋아해.
B: So **do** I. What about Jim? (← 대동사.)	B: 나도 그래. 짐은 어떠니?
Does he like McDonald's ice-cream, too?	그도 맥도날드 아이스크림을 좋아하니?
A: No, he **doesn't**. He hates cold foods.	A: 아니, 그렇지 않아. 그는 찬 음식을 싫어해.
B: Actually, you **had better** not eat anything cold for health. (← 축약형은 'd better.)	B: 사실, 건강을 위해 찬 것을 안 먹는 게 좋아.
A: **Does** it really harm your body?	A: 그게 정말 몸에 안 좋니?
B: It **does** give you a bad impact especially in winter. (← 강조 용법.)	B: 그것은 특히 겨울에 정말 나쁜 영향을 줘.
A: I **didn't** know that.	A: 몰랐어.

소화제 투입

필수 단어 **actually** 사실, 솔직히 말해서 **harm** 해를 끼치다 **impact** 영향 **especially** 특히

중요 문법

- 『I love to + 동사원형』: '~하는 것을 완전 좋아하다'라는 뜻으로, 'to + 동사원형'을 to부정사라고 하는데 love의 목적어 역할을 해.
- What about(= How about)~?: '~는 어때?'라는 뜻으로, about 뒤에 명사나 동명사가 나와.
- anything cold: 차가운 것. anything, something, nothing처럼 -thing으로 끝나는 명사는 형용사가 앞이 아니라 뒤에서 수식해 줘.
  예) something good / delicious / stupid / big / cute: 좋은 / 맛있는 / 멍청한 / 큰 / 귀여운 것
- Does it really harm your body?: 여기에서 your은 특정한 사람을 가리키는 게 아니라 일반적인 사람들을 통틀어서 부르는 말이기 때문에 굳이 '너의'로 해석되지 않아.

주어진 문장을 영작할 때 알맞은 조동사를 고르세요.

1. 나는 햄버거를 좋아하지 않아. (don't, doesn't, didn't)
2. 준서도 그렇다. (do, does, did)
3. 유정이는 햄버거를 좋아하니? (do, does, did)
4. 우리 반 애들이 햄버거를 좋아하지 않았니? (don't, doesn't, didn't)
5. 이번에는 우리가 치킨을 먹는 게 낫겠다. (used to, had better, should)
6. 햄버거와 치킨은 우리 건강에 좋지 않다. (don't, doesn't, didn't)

소화제 투입

일반동사의 의문문과 부정문을 만들 때 쓰는 do, does, did는 모두 조동사야.

부정문은 축약형으로 쓰세요.

1 do를 알맞은 형태로 바꾸어 문장을 완성하세요.

1. A: I do like cold foods. (강조 용법 - 현재) 나는 찬 음식을 좋아해.
   B: So do I. (대동사) 나도 그래.
2. A: We ______ love soccer. (부정문 - 현재) 우리는 축구를 좋아하지 않아.
   B: Neither ______ I. (대동사) 나도 그래.
3. A: They ______ harm your body. (강조 용법 - 현재) 그것들은 정말 몸을 해쳐.
   B: So ______ it. (대동사) 이것도 그래.
4. A: It ______ give you a good impact. (강조 용법 - 현재) 그것은 정말 (너에게) 좋은 영향을 줘.
   B: I ______ know that. (부정문 - 과거) 나는 그것을 몰랐어.
5. A: My sister ______ go to school today. (부정문 - 과거) 우리 언니는 오늘 학교에 안 갔어.
   B: Neither ______ I. (대동사) 나도 안 갔어.
6. A: ______ you love to eat pizza? (의문문 - 현재) 너는 피자 먹는 것을 좋아하니?
   B: Yes, I ______. (Yes / No 대답) 응, 좋아해.
7. A: ______ he go to see a doctor? (부정 의문문 - 과거) 그는 진찰 받으러 가지 않았니?
   B: No, he ______. (Yes / No 대답) 아니, 안 갔어. (응, 가지 않았어.)

소화제 투입

So do I.: 나도 그래.
부사 so가 앞으로 나오면서 주어와 동사의 위치가 바뀐 거야. 여기에서 do는 동사를 대신하는 대동사로 쓰였어.

부정 의문문에 대한 대답은 우리말과 해석이 달라. 부정이면 대답도 No로 시작해야 해.
그러니까 대답이 Yes로 시작하면 뒤의 대답도 긍정문, No면 뒤의 대답도 부정문이야.

영어로 해보기

2 보기를 보고 빈칸에 알맞은 단어를 써서 대화를 완성하세요.

보기 | A: Should we eat anything cold? 우리가 시원한 것을 먹어야 할까?
B: We had better not eat anything cold. 우리는 찬 것을 먹지 않는 게 낫겠어.
We had better eat anything hot. 우리는 따뜻한 것을 먹는 게 낫겠어.

1. A: Should I go shopping? 내가 쇼핑하러 가야 할까?
   B: You ______ shopping. 너는 쇼핑하러 가지 않는 게 낫겠어.
   You ______ swimming. 너는 수영하러 가는 게 낫겠어.
2. A: Should she take a bus? 그녀가 버스를 타야 할까?
   B: She ______ a bus. 그녀는 버스를 타지 않는 게 낫겠어.
   She ______ a subway. 그녀는 지하철을 타는 게 낫겠어.
3. A: Should I meet you in the morning? 내가 너를 아침에 만나야 할까?
   B: You ______ me in the morning. 너는 아침에 나를 만나지 않는 게 좋겠어.
   You ______ me in the evening. 너는 저녁에 나를 만나는 게 좋겠어.

부정문은 축약형으로 쓰세요.

우리말을 보고 영어 문장을 완성하세요.

1. 나는 맥도날드 아이스크림을 먹는 것을 완전 좋아해. McDonald는 '맥도날드'가 '맥더널즈'라고 발음해.

➡ ______ ______ ______ ______ McDonald's ice-cream.

2. 나도 그래. ➡ ______ ______ ______.

3. 짐은 어때? ➡ ______ ______ Jim?

4. 그도 맥도날드 아이스크림을 좋아하니?

➡ ______ ______ ______ McDonald's ice-cream, too?

5. 아니, 그렇지 않아. ➡ ______, he ______.

6. 그는 찬 음식을 싫어해. ➡ He ______ ______ ______.

7. 사실, 너는 건강을 위해 찬 음식을 먹지 않는 게 좋아.

➡ Actually, ______ ______ ______ ______ ______ anything cold for health.

8. 그게 정말 몸에 안 좋니?

➡ ______ ______ really ______ your body?

여기서 does는 강조 용법으로 쓰인 거 알지?

9. 그것은 특히 겨울에 정말 나쁜 영향을 줘.

➡ It does ______ ______ a ______ ______ especially in winter.

10. 나는 그것을 몰랐어. ➡ I ______ ______ ______.

did not의 축약형.

그림으로 기억하기 — 다음 빈칸에 가장 알맞은 것을 보기에서 찾아 쓰세요.

보기
조동사
강조 용법
대동사

1. (   )

Do you like McDonald's ice-cream?

2. (   )
3. (   )

Yes, I do. I do like McDonald's Ice-Cream.
How about you?

4. (   )

So do I. I love all kinds Ice-Cream.

But you had better be careful.
You might have stomachache.

5. (   )

복습 01~07과 조동사 총정리

빈칸을 채워 표를 완성하세요!

01 조동사 1 조동사는 동사를 도와주는 주방 보조!

부정문은 축약형으로 쓰세요.

긍정 평서문 ~할 수 있다	긍정 의문문 ~할 수 있니?	부정 평서문 ~할 수 없다	부정 의문문 ~할 수 없니?
I can swim.	Can I swim?	I can't swim.	Can't I swim?
You ___ 1	Can you swim?	You can't swim.	7
He can swim.	3	He can't swim.	Can't he swim?
She ___ 2	Can she swim?	5	8
We can swim.	4	6	Can't we swim?
They can swim.	Can they swim?	They can't swim.	Can't they swim?

02 조동사 2 대표적인 조동사 맛보기

능력	1	~할 수 있다	의무	should	___ 5
	could	~할 수 있었다	과거의 습관	used to	(왕년에) ___ 6
추측	2	~할지도 모른다 (추측) ~해도 된다 (허가)	충고, 권유	7	~하는 게 낫다
	3	~할지도 모른다 (추측)		would rather	~하는 게 차라리 낫다
미래	4	~할 것이다			
	would	~할 것이다 (예의 바른 표현)			

조동사 공식: 조동사 + 동사원형

03 조동사 3 미래를 표현하는 조동사 will

긍정 평서문 ~할 것이다	긍정 의문문 ~하게 될까?	부정 평서문 ~안 할 것이다	부정 의문문 ~안 하게 될까?
I will do that.	Will I do that?	I won't do that.	Won't I do that?
You ___ 1	3	You won't do that.	6
He will do that.	Will he do that?	5	Won't he do that?
She will do that.	4	She won't do that.	7
We ___ 2	Will we do that?	We won't do that.	Won't we do that?
They will do that.	Will they do that?	They won't do that.	Won't they do that?

04 조동사 4 조동사계의 황태자, 매너남 would!

긍정 평서문 ~할 것이다	긍정 의문문 ~하게 될까?	부정 평서문 ~안 할 것이다	부정 의문문 ~안 하게 될까?
I would do that.	Would I do that?	I wouldn't do that.	Wouldn't I do that?
You would do that.	Would you do that?	5	Wouldn't you do that?
He ___ 1	3	He wouldn't do that.	7
She would do that.	Would she do that?	6	Wouldn't she do that?
We ___ 2	4	We wouldn't do that.	Wouldn't we do that?

05 조동사 5 의무를 나타내는 조동사 should, must

should / shouldn't(= should not) should(~해야 한다) 당연히 지켜야 할 의무			
긍정 평서문 ~을 해야 한다	긍정 의문문 ~을 해야 하니?	부정 평서문 ~을 하지 말아야 한다	부정 의문문 ~을 하지 말아야 하니?
I should do that	Should I do that?	I shouldn't do that	Shouldn't I do that?
You ______ 1	Should you do that?	4	Shouldn't you do that?
He should do that.	3	He shouldn't do that.	6
It ______ 2	Should it do that?	5	Shouldn't it do that?
They should do that.	Should they do that?	They shouldn't do that.	Shouldn't they do that?

must / mustn't(= must not) must(~하지 않으면 안 된다): 안 하면 큰일 나는 의무			
긍정 평서문 ~을 해야 한다	긍정 의문문 ~을 해야 하니?	부정 평서문 ~을 하면 안 된다	부정 의문문 ~을 하면 안 되니?
I must do that.	Must I do that?	I mustn't do that.	Mustn't I do that?
You must do that.	9	You mustn't do that.	Mustn't you do that?
He ______ 7	Must he do that?	11	Mustn't he do that?
It must do that.	10	It mustn't do that.	13
They ______ 8	Must they do that?	12	Mustn't they do that?

must not(mustn't)은 강한 금지를 나타낼 때 쓰여. must(~을 해야 한다)의 의미상의 반대는 don't have to(~할 필요 없다).

06 조동사 6 의무, 허가, 습관을 나타내는 조동사 중 have to(~을 해야 한다)

긍정 평서문 ~을 해야 한다	긍정 의문문 ~을 해야 하니?	부정 평서문 ~을 할 필요 없다	부정 의문문 ~을 할 필요 없니?
I have to do that	Do I have to do that?	I don't have to do that.	Don't I have to do that?
You ______ 1	Do you have to do that?	5	Don't you have to do that?
He ______ 2	Does he have to do that?	6	Doesn't he have to do that?
It has to do that.	3	It doesn't have to do that.	7
We have to do that.	4	We don't have to do that.	Don't we have to do that?

07 조동사 7 had better(= 'd better): ~하는 게 낫다

긍정 평서문 ~을 하는 게 낫다	부정 평서문 ~을 하지 않는 게 낫다
I'd better do that.	I'd better not do that.
1	You'd better not do that.
She'd better do that.	3
2	It'd better not do that.
We'd better do that.	4

다음 문제를 읽고 답을 쓰세요.

1 제시된 단어들을 이용해서 보기와 같이 대화를 완성하세요.

보기 | A: Do you have to walk to work? drive to work — 너는 직장에 걸어서 가니?
B: Yes, I must walk to work. — 응, 나는 직장에 걸어 가야 해.
No, I don't have to. I can drive to work. — 아니, 나는 그럴 필요 없어. 나는 운전해서 가도 돼.

1. A: Does he have to go out? play inside — 그는 밖에 나가야 하니?
   B: Yes, he ________________. — 응, 그는 밖에 나가야 해.
   No, he ________________. — 아니, 그는 그럴 필요 없어. 그는 안에서 놀아도 돼.
2. A: Do I have to get up early? get up late — 나는 일찍 일어나야 하니?
   B: Yes, you ________________. — 응, 너는 일찍 일어나야 해.
   No, you ________________. — 아니, 너는 그럴 필요 없어. 너는 늦게 일어나도 돼.
3. A: Does she have to do exercises? get some rest — 그녀는 운동을 해야 하니?
   B: Yes, she ________________. — 응, 그녀는 운동을 해야 해.
   No, she ________________. — 아니, 그녀는 그럴 필요 없어. 그녀는 쉬어도 돼.
4. A: Do you have to go to the museum? go to the library — 너는 박물관에 가야 하니?
   B: Yes, I ________________. — 응, 나는 박물관에 가야 해.
   No, I ________________. — 아니, 나는 그럴 필요 없어. 나는 도서관에 가도 돼.
5. A: Do we have to finish it now? finish it by today — 우리는 지금 그것을 끝내야 하니?
   B: Yes, we ________________. — 응, 우리는 지금 그것을 끝내야 해.
   No, we ________________. — 아니, 우리는 그럴 필요 없어. 오늘까지 그것을 끝내도 돼.
6. A: Does Tim have to go to the hospital? go to the clinic — 팀은 종합병원에 가야 하니?
   B: Yes, he ________________. — 응, 그는 종합병원에 가야 해.
   No, he ________________. — 아니, 그는 그럴 필요 없어. 그는 개인 병원에 가도 돼.
7. A: Do Andy and Barbra have to sing? dance — 앤디와 바브라는 노래를 불러야 하니?
   B: Yes, they ________________. — 응, 그들은 노래를 불러야 해.
   No, they ________________. — 아니, 그들은 그럴 필요 없어. 그들은 춤춰도 돼.

소화제 투입

필수 단어 & 숙어 **walk to work** 직장에 걸어서 가다 **drive to work** 직장에 운전해서 가다 **do exercises** 운동을 하다 **museum** 박물관 **library** 도서관

2 다음 문장을 부정문과 의문문으로 만드세요(단, had better는 부정문만 만드세요).

평서문	부정문	의문문
We will go fishing. 우리는 낚시하러 갈 것이다.	We won't go fishing. 낚시하러 가지 않을 것이다.	Will we go fishing? 우리는 낚시하러 가게 되니?
He can solve the problem. 그는 그 문제를 해결할 수 있다.	1 그는 그 문제를 해결할 수 없다.	6 그는 그 문제를 해결할 수 있니?
It gives you a bad impact. 그것은 너에게 나쁜 영향을 준다.	2 그것은 너에게 나쁜 영향을 안 준다.	7 그것은 너에게 나쁜 영향을 주니?
She has to leave now. 그녀는 지금 떠나야 한다.	3 그녀는 지금 떠나야 할 필요가 없다.	8 그녀는 지금 떠나야 하니?
I should eat vegetables. 나는 야채를 먹어야 한다.	4 나는 야채를 먹지 말아야 한다.	9 나는 야채를 먹어야 하니?
You'd better eat anything cold. 너는 차가운 것을 먹는 게 낫다.	5 너는 차가운 것을 안 먹는 게 낫다.	

3 제시된 단어들을 이용해서 보기와 같이 대화를 완성하세요.

보기 | A: Should I study math? study physics — 나는 수학을 공부해야 하니?
B: You had better not study math. — 너는 수학을 공부하지 않는 게 낫겠어.
You would rather study physics. — 너는 차라리 물리학을 공부하는 게 낫겠어.

1. A: Should we go to the movies? go to the park — 우리는 영화 보러 가야 하니?
   B: We ______ — 우리는 영화 보러 가지 않는 게 낫겠어.
   We ______ — 우리는 차라리 공원에 가는 게 낫겠어.

2. A: Should we play baseball? play soccer — 우리는 야구를 해야 하니?
   B: We ______ — 우리는 야구를 하지 않는 게 낫겠어.
   We ______ — 우리는 차라리 축구를 하는 게 낫겠어.

3. A: Should your children eat Chinese food? eat Italian food — 너희 아이들은 중국 음식을 먹어야 하니?
   B: They ______ — 그들은 중국 음식을 먹지 않는 게 낫겠어.
   They ______ — 그들은 차라리 이탈리아 음식을 먹는 게 낫겠어.

4. A: Should they go on a picnic? stay home — 그들은 소풍을 가야 하니?
   B: They ______ — 그들은 소풍을 가지 않는 게 낫겠어.
   They ______ — 그들은 차라리 집에 머무르는 게 낫겠어.

5. A: Should you do your homework now? do my homework later — 너는 지금 숙제를 해야 하니?
   B: I ______ — 나는 지금 숙제를 하지 않는 게 낫겠어.
   I ______ — 나는 차라리 나중에 숙제를 하는 게 낫겠어.

08 현재완료 1 — 현재완료의 형식과 의미

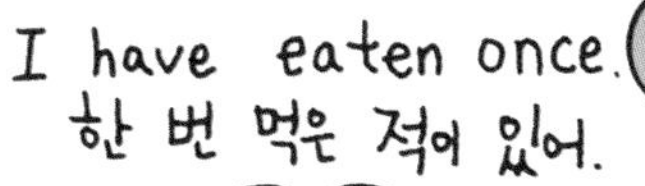

우리말에는 없는 문법이 바로 영어의 완료 시제야. 그래서 완료 시제를 어렵게 여기지. 하지만 원리를 알면 간단해. 현재완료는 그 말을 하는 지금 상황이 중요한 시제야. 즉, '현재 시점을 기준으로' 말하는 시제지. 현재완료는 보통 4가지로 해석되는데, '지금 막' 했을 때(완료), '쭉' 해 왔을 때(계속), '해 본 적'이 있을 때(경험), '응? 그렇게 되었네'일 때(결과) 현재완료를 쓰게 돼. 4가지 모두 현재, 즉 이제 와서 보니 그랬다는 말이야. 완료 시제에는 과거분사가 쓰여. 동사의 3단 변화 때 외웠던 과거분사. 예를 들어 eat의 3단 변화는 eat(현재형) – ate(과거형) – eaten(과거분사형)!

불규칙 동사의 3단 변화는 1권 18과에서 배웠어. 과거분사형을 외워야 완료 시제를 쓸 수 있어!

다음 '막, 쭉, 적, 응'이 들어간 우리말을 보고 가까운 느낌과 연결하세요.

1. 지금 **막** 다 먹었어. •	• 계속해 왔어. (계속)
2. 몇 시간째 **쭉** 먹고 있어. •	• 방금 완료했어. (완료)
3. 한 번 먹은 **적**이 있어. •	• 그런 결과야. (결과)
4. **응**? 다 먹어 버렸어. •	• 경험해 봤어. (경험)

정답 1. 완료 2. 계속 3. 경험 4. 결과

완료 시제 평생 기억하기
'막쭉적응?'의 4가지로 기억하자! '막' 했을 때(완료), '쭉' 해 왔을 때(계속) '해 본 적'이 있을 때(경험) '응? 그렇게 되었네.' 할 때(결과).

현재완료 - 막완료, 쭉계속, 적경험, 응?결과 중 하나!

■ 현재완료의 형식: 『have(has) + p.p.(과거분사)』

문장 속에서 have나 has에 이어 과거분사형이 나오면 현재완료로 말한다는 걸 알아야 해. 그래서 I have made it.은 '막, 쭉, 적, 응' 4가지로 해석할 수 있어.

I **have made** it.	나는 그것을 막 만들었다. 완료 나는 그것을 쭉 만들어 왔다. 계속 나는 그것을 만든 적이 있다. 경험 나는 그것을 만들어 버렸다. (응? 그렇게 되었네.) 결과

완료형 문장이 나오면 4가지 경우로 해석해 보고 가장 문맥에 맞는 것을 고르면 돼!

■ 현재완료의 4CC 연습하기

주어가 3인칭이면 He has made it.처럼 'has + 과거분사'가 된다는 것에 주의하자. 현재완료의 의문문은 조동사처럼 have를 앞으로 보내고, 부정문은 have / has와 p.p.(과거분사) 사이에 not을 쓰면 돼.

아래 해석은 일단 '막쭉적응?' 중 적(경험)일 때로 해석해 보자~

긍정 평서문 (경험일 때) 만든 적이 있다.	긍정 의문문 만든 적이 있니?	부정 평서문 만든 적이 없다.	부정 의문문 만든 적이 없니?
I have made it.	Have I made it?	I haven't made it.	Haven't I made it?
1 ________ 너는 그것을 만든 적이 있다.	Have you made it?	You haven't made it.	4 ________ 너는 그것을 만든 적이 없니?
He has made it.	Has he made it?	3 ________ 그는 그것을 만든 적이 없다.	Hasn't he made it?
We have made it.	2 ________ 우리는 그것을 만든 적이 있니?	We haven't made it.	Haven't we made it?

정답 1. You have made it. 2. Have we made it? 3. He hasn't made it. 4. Haven't you made it?

■ 현재완료의 4가지 용법

다행스럽게도 대표적인 예문들을 외우면 해석을 네 번 하지 않아도 돼.

1. **완료(막)**: '지금 막 ~을 끝냈다(했다)'의 뜻으로 현재까지의 동작이 완료된 것을 강조하는 말이야.

I **have** just **finished** my homework. 나는 방금 숙제를 끝마쳤다.
just가 들어가면 완료(막)로 해석.

현재완료의 완료(막)는 just, already, yet, now 등과 함께 쓰이는 경우가 많아.

2. **계속(쭉)**: '지금까지 계속(쭉) ~해 오고 있다'라는 뜻으로 현재까지 동작이나 상태가 계속되고 있는 것을 말해.

I **haven't talked** to him for a long time. 나는 오랫동안 계속 그와 대화를 못했다.
현재완료의 계속(쭉) 용법은 for, since와 함께 쓰이는 경우가 많아.
She **has saved** money since last year. 그녀는 작년부터 계속 저축해 왔다.

3. **경험(적)**: '~해 본 적이 있다(없다)'의 뜻으로 현재까지의 경험을 나타내.

I **have been** to Paris. 나는 파리에 가 본 적이 있다.
'~에 가 본 적 있다'라고 해서 have gone to라고 착각하는 경우가 많아. 하지만 have been to를 쓴다는 것 잊지 마!

Have you ever **been** to Paris? 너는 (지금까지, 전에) 파리에 가 본 적이 있니?

- Yes, I have. / No, I haven't. 응, 간 적 있어. / 아니, 간 적 없어.

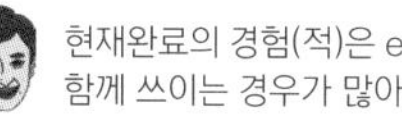

현재완료의 경험(적)은 ever, never, before 등과 함께 쓰이는 경우가 많아.

I **have** never **been** to Paris. 나는 결코 파리에 가 본 적이 없다.
never는 not보다 부정의 의미를 더 강조할 때 써.

He **has seen** this movie before. 그는 이 영화를 전에 본 적이 있다.

4. **결과**: '(응?) ~해 버렸다'의 뜻으로 과거 동작의 결과가 현재에 영향을 미치는 것을 말해.

Ben **has gone** to Tokyo. 벤은 도쿄로 가 버렸다. (그래서 지금 없다.)

해석이 과거형과 같지 않냐고? 완료형은 지금 없다는 것에 포인트가 있어. 과거형은 현재를 중요하게 여기지 않아.
Ben went to Tokyo.는 '벤은 도쿄에 갔다'야. 단순 과거형 문장으로는 지금 벤이 여기에 있는지 없는지는 알 수가 없어.

■ 현재완료의 활용: 현재완료 문장이 실제로 어떻게 사용되는지 살펴보자.

have been to~는 '~에 가 본 적이 있다'는 뜻의 현재완료 문장이야. 현재완료 중 경험에서 많이 쓰는 표현이지. 떠나 버려 지금 여기에 없을 때는 have gone to를 쓰는데, 이때는 결과를 나타내는 표현이야.

A: **Have** you ______ [1] to Paris?	A: 너 파리에 가 본 적 있니?
B: Sure, I have. Actually I **have lived** in Paris for 10 years. (현재완료의 계속(쭉) 용법.)	B: 물론, 있어. 사실 나는 파리에서 10년 동안 살았어.
Have you **visited** Paris? (현재완료의 경험(적) 용법.)	너는 파리를 방문한 적이 있니?
A: No, I haven't. But I saved money to travel France.	A: 아니, 없어. 하지만 프랑스를 여행하려고 저축했어.
B: Can't I join you? I ______ [2] just **finished** my semester. (현재완료의 완료(막) 용법.)	B: 내가 합류하면 안 되겠니? 나는 막 학기를 마쳤어.
A: Wow, that sounds nice. How about asking Ann, too?	A: 와, 그거 좋은 생각이네. 앤에게도 물어보면 어떨까?
B: It's too late. She **has** ______ [3] to New York for vacation. (현재완료의 결과(응?) 용법.)	B: 너무 늦었어. 그녀는 휴가 차 뉴욕으로 떠나 버렸어.
A: I'm sorry I **haven't talked** to her for a long time. (현재완료의 계속(쭉) 용법.)	A: 나는 그녀와 오랫동안 대화를 못해서 유감이야.

정답 1. been 2. have 3. gone

소화제 투입

필수 단어 **semester** 학기

중요 문법

- to travel: '여행하기 위해서'라는 뜻으로 여기서 'to + 동사원형'은 to부정사라고 해.
- 『that sounds + 형용사』: '~인 것 같다, ~하게 들린다'의 뜻으로 sound 다음에는 형용사가 와야 해.
- 『How about + ing?』: '~하는 게 어때?'라는 뜻인데, How about 다음에 동사가 나올 경우에는 동사원형에 ing를 붙여서 써야 해. 여기서 '동사원형 + ing'는 동명사라고 해. What about ~?으로 바꿔 쓸 수도 있어.
- She has gone.: 주어와 has를 축약해서 She's gone.이라고도 쓸 수 있어.
- 『I'm sorry (that) 주어 + 동사』: '~해서 유감이다'라는 뜻으로 that이라는 접속사가 생략된 문장이라 뒤에 주어와 동사가 나와야 해.

1 제시된 동사를 이용해서 우리말에 알맞은 문장을 완성하세요.

완료 시제에서 쓰는 동사의 과거분사형을 모르겠다면 138~140쪽을 먼저 확인해 봐!

1. Has she visited to Paris? visit — 그녀는 파리를 방문한 적이 있니?
2. She ______ in Paris for 10 years. live — 그녀는 (지금까지) 십 년 동안 계속 파리에서 살아 왔다.
3. He ______ just ______ his semester. finish — 그는 지금 막 학기를 끝마쳤다.
4. Sam ______ to China. go — 샘은 중국으로 가 버렸다. (그래서 지금 없다.)
5. I ______ my cellphone. lost — 나는 내 휴대폰을 잃어버렸다. (그래서 지금 가지고 있지 않다.)
6. It ______ hot since yesterday. be — 어제부터 날씨가 계속 덥다.
7. You ______ to him for a long time. talk — 너는 오랫동안 계속 그와 대화를 못했다.
   (현재완료의 부정문이야.)
8. He ______ money since last year. save — 그는 작년부터 계속 저축해 왔다.

2 제시된 단어를 이용해서 보기와 같이 대화를 완성하세요.

> **보기** | A: I will visit Europe tomorrow. nice — 나는 내일 유럽을 방문할 거야. (visit는 규칙 동사)
> B: That sounds nice. I haven't visited Europe. — 멋진데. 나는 유럽에 가 본 적이 없어.

1. A: I will take an airplane tomorrow. great — 나는 내일 비행기를 탈 거야. (take - took - taken)
   B: That sounds ______. I ______ an airplane. — 굉장한데. 나는 비행기를 타 본 적이 없어.
2. A: I will travel France next week. good — 나는 다음 주에 프랑스를 여행할 거야. (travel은 규칙 동사)
   B: That sounds ______. I ______ France. — 멋진데. 나는 프랑스를 여행해 본 적이 없어.
3. A: I will live in Sydney next year. amazing — 나는 내년에 시드니에서 살 거야. (live는 규칙 동사)
   B: That sounds ______. I ______ in Sydney. — 놀라운데. 나는 시드니에서 산 적이 없어.
4. A: I will sing on the stage today. fantastic — 나는 오늘 무대에서 노래할 거야. (sing - sang - sung)
   B: That sounds ______. I ______ on the stage. — 멋진데. 나는 무대에서 노래해 본 적이 없어.

소화제 투입 | 필수 단어 & 숙어 amazing 놀라운 on the stage 무대에서 fantastic 환상적인, 멋진

부정문은 축약형으로 쓰세요.

우리말을 보고 현재완료의 4CC 문장을 완성하세요.

현재완료가 처음 나왔기 때문에 4CC 연습을 잘 해 두지 않으면, 영어에서 자유로울 수 없어. 확실하게 될 때까지 반복해서 연습해 두자!

긍정 평서문	긍정 의문문
1. 나는 그것을 만든 적이 있다. ➡ I have made it.	8. 나는 그것을 만든 적이 있니? ➡
2. 너는 그것을 만든 적이 있다. ➡ You	9. 너는 그것을 만든 적이 있니? ➡
3. 그는 그것을 만든 적이 있다. ➡ He	10. 그는 그것을 만든 적이 있니? ➡
4. 그녀는 그것을 만든 적이 있다. ➡ She	11. 그녀는 그것을 만든 적이 있니? ➡
5. 그것은 그것을 만든 적이 있다. ➡ It	12. 그것은 그것을 만든 적이 있니? ➡
6. 그들은 그것을 만든 적이 있다. ➡ They	13. 그들은 그것을 만든 적이 있니? ➡
7. 우리는 그것을 만든 적이 있다. ➡ We	14. 우리는 그것을 만든 적이 있니? ➡
부정 평서문	**부정 의문문**
15. 나는 그것을 만든 적이 없다. ➡ I	22. 나는 그것을 만든 적이 없니? ➡
16. 너는 그것을 만든 적이 없다. ➡ You	23. 너는 그것을 만든 적이 없니? ➡
17. 그는 그것을 만든 적이 없다. ➡ He	24. 그는 그것을 만든 적이 없니? ➡
18. 그녀는 그것을 만든 적이 없다. ➡ She	25. 그녀는 그것을 만든 적이 없니? (Hasn't she~?는 '해즌 쉬~'로 발음해.) ➡
19. 그것은 그것을 만든 적이 없다. ➡ It	26. 그것은 그것을 만든 적이 없니? ➡
20. 그들은 그것을 만든 적이 없다. ➡ They	27. 그들은 그것을 만든 적이 없니? ➡
21. 우리는 그것을 만든 적이 없다. ➡ We	28. 우리는 그것을 만든 적이 없니? ➡

09 현재완료 2 – 현재완료 '계속(쭉)'의 절친 전치사들 for, since!

지난 과에서 현재완료는 막(완료), 쭉(계속), 적(경험), 응?(결과)의 4가지로 해석할 수 있다고 배웠어. 이때 같이 쓰인 전치사나 부사(구)를 보면 굳이 4가지로 해석을 해보지 않아도, 자연스럽게 해석이 돼. 예를 들어 just는 '(지금) 막'이라는 뜻이 있지? have와 과거분사 사이에 just가 들어가 있으면 다 막(완료)의 용법이야. 그리고 for(~동안)와 since(~이후로)가 들어가 있으면 쭉(계속)의 용법으로, for와 since는 '쭉'의 절친들이라고 할 수 있어.

현재완료의 어떤 용법인지 골라 동그라미하세요.

1. Mom has **just** cooked spaghetti. 엄마는 막 스파게티를 요리했다. (완료, 계속, 경험, 결과)
2. She has loved him **for** three years. 그녀는 3년 동안 그를 사랑해 왔다. (완료, 계속, 경험, 결과)
3. I have loved her **since** 2010. 나는 2010년 이후 쭉 그녀를 사랑해 왔다. (완료, 계속, 경험, 결과)

정답 1. 완료 2. 계속 3. 계속

for(~동안), since(~이후로) - 현재완료의 '계속(쭉)'의 절친들!

■ for(~하는 동안): 어떤 사건이 진행돼 온 시간의 길이를 나타내.

I **have practiced** yoga **for a long time.** 나는 오랫동안 (쭉) 요가를 해 왔다. ← 지금도 하고 있다는 뜻.

과거형(I practiced yoga.)은 현재 요가를 하는 중인지 아닌지는 관심이 없어.
현재완료는 지금을 기준으로 말하는 시제라, 요즘도 하고 있다는 걸 말하고 싶을 때 쓰는 거야.

She **has lived** in Seoul **for 10 years.** 그녀는 서울에서 10년 동안 살아 왔다. ← 지금도 살고 있다는 뜻.

소화제 투입

for 뒤에는 a long time처럼 막연한 시간이 올 수도 있고, 10 years처럼 '시간의 양'을 나타내는 구체적인 숫자가 올 수도 있어.

■ since(~이후로): 어떤 사건이 시작된 시점을 나타내.

음식점 간판에 'since 1940'처럼 적힌 것 본 적 있지? 1940년 이후로 계속 장사를 해 왔다는 뜻이야. '~이래로, ~이후로 쭉' 했다는 뜻이니 since가 들어가면 현재완료 문장 중 '계속'의 용법으로 해석되는 게 당연하지.

I **have taught** yoga **since 2010.** 나는 2010년 이후로 요가를 가르쳐 왔다. ← 2010년 이후로 지금까지 쭉~

He **has been** hungry **since yesterday.** 그는 어제부터 배가 고프다. ← 어제부터 지금까지 계속

I **have taught** yoga **since I was 30 years old.** 나는 서른 살 이후로 요가를 가르쳐 왔다.
← since 뒤에는 문장이 올 수도 있는데, 이때 since가 이끄는 문장의 시제는 과거를 써야 해.

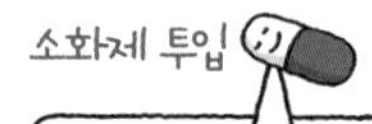

since 뒤에는 1990, last night 처럼 '시점'을 나타내는 말이 와.

■ 현재완료의 4CC 연습하기

동사의 대표인 do 동사를 이용해 다음 표를 완성해 보자. do - did - done 기억나지? 과거분사는 done. 현재완료의 부정형은 have(has)와 과거분사 사이에 not을 붙이면 돼. 부정형은 have + not = haven't.

이번에는 막쭉적응? 중 '쭉(계속)'의 의미로 해석해 보자.

긍정 평서문 그것을 해 왔다.	긍정 의문문 그것을 해 왔니?	부정 평서문 그것을 해 오지 않았다.	부정 의문문 그것을 해 오지 않았니?
I have done it.	Have I done it?	I haven't done it.	Haven't I done it?
You have done it.	2 ____________ 네가 그걸 해 왔던가?	You haven't done it.	Haven't you done it?
1 ____________ 그는 그걸 해 왔어.	Has he done it?	He hasn't done it.	Hasn't he done it?
She has done it.	Has she done it?	She hasn't done it.	4 ____________ 그녀가 그걸 안 해 왔니?
It has done it.	Has it done it?	It hasn't done it.	Hasn't it done it?
We have done it.	Have we done it?	3 ____________ 우리는 그것을 안 해 왔어.	Haven't we done it?
They have done it.	Have they done it?	They haven't done it.	Haven't they done it?

정답 1. He has done it. 2. Have you done it? 3. We haven't done it. 4. Hasn't she done it?

'Haven't they~?'에서 't' 발음은 생략되고, they의 t는 경음화돼서 '해븐떼이'로 발음돼. 물론 혀는 살짝 내밀면서~

■ **현재완료의 활용**: 요가 선생님과의 대화를 통해 현재완료를 배워 보자.

I have practiced yoga. 이 문장 자체는 '막쭉적응?' 4가지로 해석될 수 있는데, 뒤에 'for a long time(오랫동안)'이 붙으면 쉽게 계속(쭉) 용법으로 해석할 수 있어.

A: I **have practiced** yoga **for** a long time.	A: 나는 오랫동안 (쭉) 요가를 해 왔어.
B: I know. **Since** when **have** you **taught** yoga then?	B: 나도 알아. 그럼, 넌 언제부터 요가를 가르쳐 왔니?
A: I **have taught** yoga **since** 2010. (two thousand ten이라고 읽어.)	A: 나는 2010년 이후로 (쭉) 요가를 가르쳐 왔어.
B: I did yoga for 10 years before.	B: 나는 예전에 10년 동안 요가를 했어.
A: You did yoga before? I didn't know that.	A: 네가 전에 요가를 했다고? 나는 그런 줄 몰랐네.
B: But I stopped doing it in 2010.	B: 하지만 나는 2010년에 그것을 그만뒀어.
A: I hope we can practice yoga together.	A: 나는 우리가 요가를 함께 연습할 수 있기를 바라.

소화제 투입

필수 단어 & 숙어 practice 연습하다 for a long time 오랫동안 together 함께

중요 문법

- 『stop+~ing』: '~하는 것을 멈추다'라는 뜻으로 쓰려면 stop 뒤의 목적어로 동명사(동사원형 + ing)가 와야 돼. 만일 stop 뒤에 to부정사가 와서 I stopped to do it.이라고 하면 '나는 그것을 하기 위해 멈췄다.'라는 뜻으로 아예 해석이 달라져. 여기서 to do it은 동사 stop을 꾸며 주는 to부정사의 용법이고 stop의 목적어가 아니야. 20, 21과에서 자세히 배울 거야.
- 『I hope (that) 주어 + 동사』: '나는 ~하기를 바란다'의 뜻으로 접속사 that이 생략된 문장이야.

for와 since 중 문장에 알맞은 것을 고르세요.

1. I have loved her (for, since) 25 years. — 나는 그녀를 25년 동안 사랑해 왔다.
2. I have loved her (for, since) I was born. — 나는 내가 태어난 이후로 쭉 그녀를 사랑해 왔다.
3. She has dated Dave (for, since) three weeks. — 그녀는 3주일 동안 데이브와 데이트를 해 왔다.
4. She has dated Dave (for, since) last week. — 그녀는 지난주 이후 데이브와 데이트를 해 왔다.
5. We have been in Chicago (for, since) two weeks. — 우리는 2주 동안 시카고에 있어 왔다.

정답 1. for 2. since 3. for 4. since 5. for

밑줄 친 부분에 해당하는 전치사를 괄호 안에서 고르세요.

1. 너는 언제<u>부터</u> 아이돌 댄스를 연습해 왔니? (for, since)
2. 나는 오랫<u>동안</u> 춤을 연습해 왔어. (for, since)
3. 다솜이는 2015년<u>부터</u> 댄스 경연 대회에서 쭉 1등 했어. (for, since)
4. 온유는 2016년 <u>이후로</u> 계속 춤 연습을 해 왔어. (for, since)
5. 내 친구는 3년 <u>동안</u> 보컬 트레이닝을 받아 왔어. (for, since)

현재완료와 함께 for와 since 중 하나를 골라 쓰세요.

1 빈칸에 알맞은 단어를 써서 보기와 같이 대화를 완성하세요.

보기	
A: How long have you practiced yoga? 너는 얼마 동안 요가를 연습해 왔니? B: I have practiced it for a long time. 나는 오랫동안 그것을 연습했어.	A: Since when have you taught it? 너는 언제부터 그것을 가르쳐 왔니? B: I have taught it since 2010. 나는 2010년부터 그것을 가르쳐 왔어.

1. A: How long have they known each other? 그들은 얼마 동안 서로를 알아 왔니?
   B: They <u>have known</u> each other <u>for</u> three years. 그들은 3년 동안 서로를 알아 왔어.
2. A: Since when have you been interested in Pocketmon? 너는 언제부터 포케몬에 관심이 있었니?
   B: I ______________ it ______ 2016. 나는 2016년 이후로 그것에 관심이 있었어.
3. A: How long has your father been a doctor? 너의 아버지는 얼마 동안 의사셨니?
   B: He __________ a doctor ______ twenty years. 그는 20년 동안 의사셨어.
4. A: Since when has George had a headache? 조지는 언제부터 머리가 아파 왔니?
   have a headache '머리가 아프다'라는 뜻.
   B: He __________ a headache ______ last night. 그는 어젯밤 이후로 머리가 아팠어.
5. A: How long have we lived in this house? 우리는 이 집에서 얼마 동안 살아 왔니?
   B: We __________ in this house ______ ten years. 우리는 이 집에서 10년 동안 살아 왔어.
6. A: Since when has your cat been sick? 너의 고양이는 언제부터 아파 왔니?
   B: It ______________ yesterday. 그것은 어제부터 아팠 왔어.
7. A: Since when have your parents been married? 너의 부모님은 언제부터 결혼 생활을 해 오셨니?
   B: They ______________ 2000. 그들은 2000년부터 결혼 생활을 해 오셨어.

영어로 해보기

2 우리말을 보고 제시된 단어들을 이용해서 현재완료 문장을 만드세요.

보기 | 나는 10년 동안 요가를 해 왔어. do yoga
➡ I have done yoga for 10 years.

1. 나는 5년 동안 수영을 해 왔어. swim
   ➡ I ______________ 5 years.
2. 그들은 8년 동안 첼로를 연주해 왔어. play the cello
   ➡ They ______________ 8 years.
3. 그는 2010년 이후로 역사를 가르쳐 왔어. teach history
   ➡ He ______________ 2010.

소화제 투입
for는 '~동안', since는 '~이후로'!

Memorization 우리말을 보고 영어 문장을 완성하세요.

앞에 나온 활용 문장들이야. 꼭 외우고 넘어가자.

1. 나는 오랫동안 요가를 해 왔어.

➡ ________ ________ ________ ________ for a long time.

2. 나도 알아. 그럼 넌 언제부터 요가를 가르쳐 왔니?

➡ ________ ________. ________ ________ ________ you ________ yoga then?

3. 나는 2010년 이후로 요가를 가르쳐 왔어. ➡ ________ ________ ________ ________ since 2010.

4. 나는 예전에 10년 동안 요가를 했어. ➡ ________ ________ ________ for 10 years before.

5. 네가 전에 요가를 했다고? ➡ You ________ ________ ________?

6. 나는 몰랐어. ➡ I ________ ________ ________.

7. 하지만 나는 2010년에 그것을 하는 것을 그만뒀어.

➡ But ________ ________ ________ ________ in 2010.

8. 나는 우리가 함께 요가를 연습할 수 있기를 바라.

➡ I hope we ________ ________ ________ together.

소화제 투입

연도 읽는 방법
① 1995(년) = nineteen ninety-five
② 2010(년) = two thousand ten
2000년 이전까지는 두 자리씩 끊어 읽고, 2000년 이후부터는 먼저 two thousand을 읽고, 다음에 나오는 숫자를 그대로 읽어 주면 돼.

그림으로 기억하기 다음 괄호에 들어갈 말을 보기에서 찾아 쓰고, 말풍선의 문장을 완성하세요.

보기
~동안
~이래로 쭉

10 현재완료를 못 쓰는 경우 – 과거 부사와는 만날 수 없어!

현재완료는 과거와 현재를 포함하고 있지만, 현재완료라는 말처럼 과거보다는 현재 쪽에 관심이 있는 표현이야. 그래서 현재완료는 yesterday, last week, two days ago처럼 과거의 특정 시점을 나타내는 부사(구)와 같이 쓸 수 없어. 그런데 과거를 나타내는 부사(구)도 since를 붙이면 현재완료에서도 쓸 수 있어. since만 붙이면 과거를 나타내는 부사(구)도 무사통과! 굳이 외울 필요 없이 해석만 해 봐도 이해가 될 거야.

I have read the book yesterday. (X) 나는 어제 그 책을 읽어 왔다? (말이 안 됨!)

I have read the book since yesterday. (O) 나는 어제부터 그 책을 읽어 왔다. (현재완료)

 read의 과거형과 과거분사형은 모두 read이지만 동사원형과 발음이 달라져. 둘 다 [red] - [red]가 돼.

다음 문장이 맞으면 O, 틀리면 X 하세요.

1. He has exercised yesterday. 그는 어제 운동을 해 왔다. (　　)
2. He has exercised since yesterday. 그는 어제부터 운동을 해 왔다. (　　)

정답 1. X 2. O

현재완료는 과거보다는 현재를 응원해!

현재완료는 yesterday, 3 years ago, last year처럼 과거를 나타내는 말과 함께 쓰지 않아. 단, since가 나오면 함께 쓸 수 있어. 외우려 하지 말고 해석해 보면 당연하다는 걸 알게 될 거야.

I worked yesterday. (O) 나는 어제 일했다.
I have worked yesterday. (X) 나는 어제 일해 왔다. 말이 안 됨!
I have worked since yesterday. (O) 나는 어제 이후로 일해 왔어.

과거인 어제를 나타내는 yesterday는 현재완료와 함께 쓸 수 없어!

■ be동사의 현재완료형 배우기

예를 들어 '나는 옛날부터 계속 예뻤다.'라고 말하고 싶을 때는 현재완료를 써.

현재 I am pretty. 나는 예쁘다.
현재완료 I have been pretty. 나는 예뻐 왔다.
be동사의 p.p.(과거분사)는 been인 거 알지?

소화제 투입

『have been + 형용사』: 지금까지 (계속) ~해 왔다.
I have been healthy(fat / big / thin / slim / tough).
나는 (계속) 건강했다(뚱뚱했다 / 체격이 컸다 / 날씬했다 / 호리호리했다 / 강했다).

■ 『have been + 형용사』의 4CC 연습하기: be동사의 현재완료 시제 표를 완성해 보자.

긍정 평서문 예쁜 적이 있다. / 계속 예뻤다.	긍정 의문문 예쁜 적이 있니? / 계속 예뻤니?	부정 평서문 예쁜 적이 없다. / 계속 안 예뻤다.	부정 의문문 예쁜 적이 없니? / 계속 안 예뻤니?
I have been pretty.	Have I been pretty?	I haven't been pretty.	Haven't I been pretty?
______ 1 너는 (계속) 예뻤어.	Have you been pretty?	You haven't been pretty.	Haven't you been pretty?
He has been pretty.	______ 2 (어린 남자 아이를 보며) 그는 (계속) 예뻤어?	He hasn't been pretty.	Hasn't he been pretty?
We have been pretty.	Have we been pretty?	______ 3 우리는 (계속) 안 예뻤어.	______ 4 우리가 (계속) 안 예뻤어?

정답 1. You have been pretty. 2. Has he been pretty? 3. We haven't been pretty. 4. Haven't we been pretty?

■ 현재완료와 함께 쓰일 수 없는 부사(구)

다음 문장을 보며 맞는 문장에는 O, 틀린 문장에는 X 표시를 하며 이해해 보자.

1. 현재완료는 yesterday, at 10 o'clock, ago, last~ 등처럼 명백하게 과거를 나타내는 부사(구)나, 의문사 when처럼 콕 찍어서 특정한 시간을 나타내는 말과 함께 쓰지 않아.

   He has been sick two days ago. (X) 그는 이틀 전에 아파 왔다. 말이 안 됨!
   He was sick two days ago. (O) 그는 이틀 전에 아팠다.
   He has been sick for two days. ( )[1] 그는 이틀 동안 (쭉) 아파 왔다.
   When has he been sick? (X) 언제 그는 아파 왔니? 말이 안 됨!

2. 과거를 나타내는 부사나 when도 since와 함께라면 현재완료를 쓸 수 있어.

   Since when has he been sick? (O) 그는 언제부터 아파 왔니?
   He has been sick since last night. ( )[2] 그는 어젯밤 이후로 아파 왔다.

3. just나 now는 따로따로는 현재완료와 쓰이는데, '방금 전에' 라는 뜻의 just now는 과거에서만 쓰여.

Dad **has just come** home. ( )[3] 아빠가 막 집에 오셨다.

Dad **has come just now**. (X)

Dad **came** home **just now**. (O) 아빠가 방금 전에 집에 오셨다.

just now(방금 전에)는 과거의 의미를 담고 있기 때문에 과거 문장에 쓰여.

정답 1. O 2. O 3. O

■ 현재완료의 활용: 이야기를 통해 현재완료를 어떤 상황에서 쓰는지 배워 보자.

A: What happened to Phil? I **haven't seen** him today.	A: 필에게 무슨 일 있니? 나는 오늘 그를 못 봤어.
B: He **has been sick** since yesterday.	B: 그는 어제 이후로 아팠어.
A: He **has been absent** for 2 days? Why did I miss that?	A: 그가 이틀 동안 결석을 했다고? 내가 왜 그것을 놓쳤지? ('알아차리지 못했지' 란 뜻.)
B: You **have been** very **busy**. That's why.	B: 너는 아주 바빴잖아. 그게 이유야.
A: Right. I **have worked** very **hard** since the day before yesterday.	A: 맞아. 나는 그저께 이후로 아주 열심히 일해 왔어.
B: You worked at night yesterday. Why don't you leave for home early today?	B: 너는 어제도 밤에 일했어. 오늘은 일찍 집에 가지 그러니?
A: Thanks. I will do that.	A: 고마워. 그렇게 할게.

소화제 투입

필수 단어 & 숙어 **happen** 발생하다, 일어나다 **absent** 결석한 **miss** 놓치다, 그리워하다 **That's why.** 그게 이유이다. **the day before yesterday** 그저께 (**the day before yesterday** - **yesterday** - **today** - **tomorrow** - **the day after tomorrow** 그저께 - 어제 - 오늘 - 내일 - 모레) **Why don't you~?** ~하지 그래? (가볍게 권유할 때 자주 쓰는 표현) **leave for** ~로 떠나다

중요 문법

- What happened to~?: '~에게 무슨 일 있었니?' 라는 뜻으로, what은 '무엇' 이라는 뜻의 의문사인데 이 문장의 주어이기도 해. 그래서 의문문인데도 do나 does같은 조동사 없이 바로 동사 happened가 온 거야.
- Why did I miss that?: 의문사가 들어가는 일반동사의 의문문은 『의문사 + do / does / did + 주어 + 동사원형~?』의 순서로 말하는데 이런 공식을 암기하는 것보다 "Why did I miss that?"같은 예문을 통째로 외우는 게 훨씬 효과적이야.
- 『That's why 주어 + 동사』: '그게 바로 ~가 …한 이유이다' 라는 뜻으로, 주어 + 동사가 와.
  예) That's why you miss that. 그게 네가 그것을 놓친 이유이다. That's why I like you. 그게 내가 너를 좋아하는 이유이다.

주어진 문장을 영작할 때 알맞은 시제를 골라 동그라미하세요.

1. 나는 작년에 영어 공부를 열심히 했어. (과거, 현재, 현재완료)

2. 그런데 나는 지금 영어 공부를 열심히 하지 않아. (과거, 현재, 현재완료)

3. 그래도 수학 공부는 지금까지 열심히 해 왔어. (과거, 현재, 현재완료)

1 괄호 안에 알맞은 시제를 고르세요.

1. He (was, has been) sick since yesterday. 그는 어제 이후로 아파 왔다.
2. She (was, has been) absent for 2 days. 그녀는 이틀 동안 결석해 왔다.
3. You (were, have been) very busy a week ago. 너는 일주일 전에 아주 바빴다.
4. I (worked, have worked) very hard since yesterday. 나는 어제 이후로 아주 열심히 일해 왔다.
5. Nancy (got up, has gotten up) just now. 낸시는 방금 전에 일어났다
6. We (went, have gone) on a picnic last Sunday. 우리는 지난 일요일에 소풍을 갔다.

2 다음 문장을 과거와 현재완료로 고치세요.

보기 | I am pretty now. 나는 지금 예쁘다. (현재)
➡ I was pretty 10 years ago. 나는 십 년 전에 예뻤다. (과거)
➡ I have been pretty all my life. 나는 평생 (쭉) 예뻐 왔다. (현재완료)

1. He is a taxi driver now. 그는 지금 택시 운전사이다.
   ➡ He ______________ 10 years ago. 그는 십 년 전에 택시 운전사였다.
   ➡ He ______________ all his life. 그는 평생 (쭉) 택시 운전사였다.
2. You are busy now. 너는 지금 바쁘다.
   ➡ You ______________ 10 years ago. 너는 십 년 전에 바빴다.
   ➡ You ______________ all your life. 너는 평생 (쭉) 바빴다.
3. She works very hard now. 그녀는 지금 아주 열심히 일한다.
   ➡ She ______________ 10 years ago. 그녀는 십 년 전에 아주 열심히 일했다.
   ➡ She ______________ all her life. 그녀는 평생 (쭉) 아주 열심히 일해 왔다.
4. Susan isn't absent now. 수잔은 지금 결석하지 않는다.
   ➡ Susan ______________ 10 years ago. 수잔은 십 년 전에 결석하지 않았다.
   ➡ Susan ______________ all her life. 수잔은 평생 (쭉) 결석하지 않았다.

우리말을 보고 영어 문장을 완성하세요.

부정문은 축약형으로 쓰세요.

현재완료 + 형용사

긍정 평서문	긍정 의문문
1. 나는 예쁜 적이 있다. ← '나는 (계속) 예뻤다.'로 해석해도 돼. ➡ I	8. 나는 예쁜 적이 있니? ➡
2. 너는 예쁜 적이 있다. have been은 '햅빈'이라고 발음해. ➡ You	9. 너는 예쁜 적이 있니? ➡
3. 그(꼬마)는 예쁜 적이 있다. ➡ He	10. 그는 예쁜 적이 있니? ➡
4. 그녀는 예쁜 적이 있다. ➡ She	11. 그녀는 예쁜 적이 있니? Has she~는 '해쉬~'라고 발음해. ➡
5. 그것(강아지)은 예쁜 적이 있다. ➡ It	12. 그것은 예쁜 적이 있니? ➡
6. 그들은 예쁜 적이 있다. ➡ They	13. 그들은 예쁜 적이 있니? ➡
7. 우리는 예쁜 적이 있다. ➡ We	14. 우리는 예쁜 적이 있니? ➡

부정 평서문	부정 의문문
15. 나는 예쁜 적이 없다. ➡ I	22. 나는 예쁜 적이 없니? ➡
16. 너는 예쁜 적이 없다. ➡ You	23. 너는 예쁜 적이 없니? ➡
17. 그는 예쁜 적이 없다. ➡ He	24. 그는 예쁜 적이 없니? ➡
18. 그녀는 예쁜 적이 없다. ➡ She	25. 그녀는 예쁜 적이 없니? ➡
19. 그것은 예쁜 적이 없다. ➡ It	26. 그것은 예쁜 적이 없니? ➡
20. 그들은 예쁜 적이 없다. ➡ They	27. 그들은 예쁜 적이 없니? ➡
21. 우리는 예쁜 적이 없다. ➡ We	28. 우리는 예쁜 적이 없니? ➡

11 현재완료진행형 1 – '쭉'이 말하는 지금 이 순간에도 계속되는 것!

① 현재
I say it.
나는 그것을 말한다.

Candy is my life!

② 과거
I said it.
나는 그것을 말했다.

③ 미래
I will say it.
나는 그것을 말할 것이다.

④ 현재완료
I have said it.
나는 그것을 (쭉) 말해 왔다.

⑤ 현재진행
I am saying it.
나는 그것을 말하고 있다.

⑥ 현재완료진행
I have been saying it.
나는 그것을 계속 (쭉) 말하고 있다.

평생 그래 왔고 지금도 말하고 있다고….
Candy is my life!

현재완료진행 시제는 과거에 시작된 동작이 지금 말하고 있는 순간에도 계속 진행되고 있다는 것을 강조할 때 쓰는 표현이야. 현재완료진행 시제를 이해하려면 먼저 현재진행 시제를 이해해야 해. 현재진행 시제는 지금 진행 중인 일을 나타내는 것으로, '~하고 있다'고 해석하면 돼. 그리고 형태는 'be동사 + ~ing'로 표현해. 현재완료진행형은 현재완료(have + p.p.)와 진행형(be동사 + ~ing)을 합쳐서 'have + been + ~ing'로 나타내.

다음 문장에 알맞은 시제와 연결하세요.

1. I have said it. 나는 그것을 계속(쭉) 말해 왔다. •
2. I am saying it. 나는 그것을 말하고 있다. •
3. I have been saying it. 나는 그것을 계속(쭉) 말해 왔다(지금도 말하고 있다). •

• 현재완료진행 시제
• 현재진행 시제
• 현재완료 시제

정답 1. 현재완료 시제 2. 현재진행 시제 3. 현재완료진행 시제

현재완료진행형 - 과거부터 지금까지 멈출 수 없는 동작!

현재완료진행형을 본격적으로 배우기 전에 먼저 진행 시제를 연습해 보자. 진행 시제를 안다면 be동사 대신 have been만 넣으면 되니까, 현재완료진행형을 50%는 이해한 셈이야.

■ 현재, 현재진행, 과거, 과거진행 시제: 4가지 시제의 뜻과 형식을 비교해 보자.

현재는 현재의 습관이나 사실을, 현재진행은 어떤 동작이 현재 진행되고 있는 것을, 과거는 과거의 습관이나 사실을, 과거진행은 과거의 그 시점에서 진행되고 있는 것을 나타낼 때 써.

현재: ~한다 현재의 습관이나 사실	현재진행: ~하고 있다 ('am / is / are + ~ing') 어떤 동작이 지금 진행되는 중	과거: ~했다 과거에 일어났던 사실, 동작	과거진행: ~하고 있었다 ('was / were + ~ing') 과거의 그 시점에서 진행되는 중
I say it. 나는 그것을 말한다	______ 1 나는 그것을 말하고 있다.	I said it. 나는 그것을 말했다.	I was saying it. 나는 그것을 말하고 있었다.
You say it. 너는 그것을 말한다.	You are saying it. 너는 그것을 말하고 있다.	You said it. 너는 그것을 말했다.	You were saying it. 너는 그것을 말하고 있었다.
He says it. (발음 주의! 세이즈가 아니라) 그는 그것을 말한다. 세즈.	He is saying it. 그는 그것을 말하고 있다.	He said it. 그는 그것을 말했다.	______ 3 그는 그것을 말하고 있었다.
We say it. 우리는 그것을 말한다.	______ 2 우리는 그것을 말하고 있다.	We said it. 우리는 그것을 말했다.	We were saying it. 우리는 그것을 말하고 있었다.

정답 1. I am saying it. 2. We are saying it. 3. He was saying it.

■ 진행형과 완료형 만들기

'이제까지 쭉 공부해 왔다.'는 현재완료형 문장이지. '이제까지 공부를 쭉 해 왔고 지금도 공부하고 있다'고 현재도 진행 중인 걸 강조할 때 쓰는 시제가 바로 현재완료진행이야. I am studying.에서 am 대신 have been으로 바꾸기만 하면 돼. 동사의 과거완료형을 몰라도 쓸 수 있으니 더 쉽지?

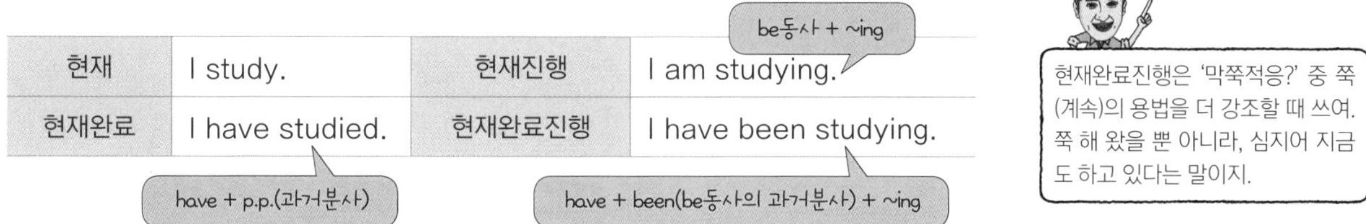

현재	I study.	현재진행	I am studying.
현재완료	I have studied.	현재완료진행	I have been studying.

■ 현재완료진행 시제의 형식: 『have + been + ~ing』

현재완료와 해석이 비슷해서 헷갈릴 수도 있어. 하지만, 현재완료진행은 지금도 계속 하고 있다는 것을 강조하고 싶을 때 쓰는 거야.

현재완료	I **have said** it.	나는 (지금까지) 말해 왔다.
현재완료진행	I **have been saying** it.	나는 그것을 계속(쭉) 말하고 있다.

그래서 현재완료진행 시제 문장에는 for(~동안), since(~이후로)가 함께 쓰이는 경우가 많아.

It **has been raining since** the dawn. 새벽부터 계속(쭉) 비가 오고 있다.
I **have been saying** it **for** three hours. 나는 세 시간 동안 그것을 계속(쭉) 말하고 있다.

■ 현재완료진행 시제의 4CC 연습하기

긍정 평서문 계속(쭉) 말하고 있다.	긍정 의문문 계속(쭉) 말하고 있니?	부정 평서문 계속(쭉) 말 안 하고 있다.	부정 의문문 계속(쭉) 말 안 하고 있니?
I have been saying it.	Have I been saying it?	______ 3 나는 그것을 계속 말 안 하고 있다.	Haven't I been saying it?
______ 1 너는 그것을 계속 말하고 있다.	Have you been saying it?	You haven't been saying it.	Haven't you been saying it?
He has been saying it.	______ 2 그는 그것을 계속 말하고 있니?	He hasn't been saying it.	Hasn't he been saying it?
We have been saying it.	Have we been saying it?	We haven't been saying it.	______ 4 우리는 그것을 계속 말 안 하고 있니?

정답 1. You have been saying it. 2. Has he been saying it? 3. I haven't been saying it. 4. Haven't we been saying it?

■ 현재완료진행 시제의 활용: 다음 대화를 통해 현재완료진행 시제의 쓰임을 알아보자.

현재완료진행 시제는 과거에 시작된 동작이 지금 말하고 있는 순간에도 계속 진행되고 있다는 것을 강조할 때 쓰는 표현이야.

A: How long **have** you **been studying** Chinese?	A: 너는 얼마나 오랫동안 계속 중국어를 공부하고 있니?
B: I ______ 1 **studying** Chinese for 10 years.	B: 나는 10년 동안 중국어를 공부하고 있어.
A: **Have** you **been studying** it since you were 5?	A: 너는 5살 이후로 그것을 공부하고 있니?
B: I **have been doing** it ever since I was 4 years old.	B: 나는 4살 이후로 그것을 공부해 오고 있어.
A: How long **has** it **been raining** outside?	A: 밖에 비가 얼마나 오랫동안 계속 오고 있는 거니?
B: It ______ 2 ever since the dawn today.	B: 오늘 새벽 이후 계속 오고 있어.
A: It rained yesterday, too. Right?	A: 어제도 비 왔었어. 그렇지?
B: And it also rained the day before yesterday.	B: 그리고 그저께도 비가 왔었어.
A: You mean it **has been raining** for three days?	A: 그럼 3일 동안 비가 계속 오고 있단 말이니?
B: That's correct. It's the rainy season.	B: 맞아. 지금은 장마철이잖아.

정답 1. have been 2. has been raining

필수 단어 & 숙어 **ever since** ~이후로 줄곧(계속) **outside** 밖에 **dawn** 새벽 **correct** 정확한, 옳은 **rainy season** 장마철

중요 문법

- since you were 5: since 다음에는 yesterday 같은 단어가 올 수도 있고, 주어와 동사가 있는 절이 올 수도 있는데 절이 올 때는 'you were five'처럼 과거가 와야 해.
- It rained yesterday.: '어제 비가 왔다.'라는 과거 시제로, yesterday처럼 명백한 과거의 특정 시점을 나타내는 부사는 현재완료와 함께 쓰일 수 없어. 여기에서 it은 시간, 날씨, 날짜 등을 나타내는 비인칭 주어야.
- You mean~: '~을 의미하다'라는 의미로, 뒤에 명사가 올 수도 있고 문장이 나올 수도 있어.

주어진 문장을 현재진행, 현재완료, 현재완료진행 시제 문장으로 바꾸세요.

1. I study Chinese. 나는 중국어를 공부한다. (현재)

➡ I am studying Chinese.
나는 중국어를 공부하고 있다. (현재진행)

➡ I have studied Chinese for 10 years.
나는 10년 동안 계속 중국어를 공부해 왔다. (현재완료)

➡ I have been studying Chinese for 10 years.
나는 10년 동안 계속 중국어를 공부하고 있다. (현재완료진행)

2. It rains outside. 밖에 비가 온다. (현재)

➡ It ________________.
밖에 비가 오고 있다. (현재진행)

➡ ________________ outside for 3 days.
밖에 비가 3일 동안 계속 왔다. (현재완료)

➡ ________________ outside for 3 days.
밖에 비가 3일 동안 계속 내리고 있다. (현재완료진행)

3. He teaches it. 그는 그것을 가르친다. (현재)

➡ He ________________.
그는 그것을 가르치고 있다. (현재진행)

➡ ________________ it since last year.
그는 작년 이후로 그것을 계속 가르쳐 왔다. (현재완료)

➡ ________________ it since last year.
그는 작년 이후로 그것을 계속 가르치고 있다. (현재완료진행)

4. He works. 그는 일한다. (현재)

➡ He ________________.
그는 일하고 있다. (현재진행)

➡ ________________ since ten o'clock.
그는 10시 이후로 계속 일해 왔다. (현재완료)

➡ ________________ since ten o'clock.
그는 10시 이후로 계속 일하고 있는 중이다. (현재완료진행)

5. She lives in Seoul. 그녀는 서울에 산다. (현재)

➡ She ________________.
그녀는 서울에 살고 있다. (현재진행)

➡ ________________ in Seoul for a year.
그녀는 1년 동안 계속 서울에서 살아 왔다. (현재완료)

➡ ________________ in Seoul for a year.
그녀는 1년 동안 계속 서울에서 살고 있다. (현재완료진행)

6. I learn yoga. 나는 요가를 배운다. (현재)

➡ I ________________.
나는 요가를 배우고 있다. (현재진행)

➡ ________________ yoga since 2010.
나는 2010년부터 계속 요가를 배워 왔다. (현재완료)

➡ ________________ yoga since 2010.
나는 2010년부터 계속 요가를 배우고 있다. (현재완료진행)

7. Dad fixes his car. 아빠는 차를 고친다. (현재)

➡ Dad ________________.
아빠는 차를 고치고 있다. (현재진행)

➡ ________________ his car for 2 hours.
아빠는 2시간 동안 계속 차를 고쳐 왔다. (현재완료)

➡ ________________ his car for 2 hours.
아빠는 2시간 동안 계속 차를 고치고 있다. (현재완료진행)

8. It snows. 눈이 내린다. (현재)

➡ It ________________.
눈이 내리고 있다. (현재진행)

➡ ________________ since yesterday.
어제부터 계속 눈이 내리고 있다. (현재완료)

➡ ________________ since yesterday.
어제부터 계속 눈이 내리고 있다. (현재완료진행)

다음 문장을 부정문으로 바꾸세요.

부정문은 축약형으로 쓰세요.

1. I have been saying it. 나는 그것을 계속 말하고 있다.
   ➡ I ______. 나는 그것을 계속 말 안 하고 있다.
2. You have been saying it. 너는 그것을 계속 말하고 있다.
   ➡ You ______. 너는 그것을 계속 말 안 하고 있다.
3. He has been saying it. 그는 그것을 계속 말하고 있다.
   ➡ He ______. 그는 그것을 계속 말 안 하고 있다.
4. She has been saying it. 그녀는 그것을 계속 말하고 있다.
   ➡ She ______. 그녀는 그것을 계속 말 안 하고 있다.
5. It has been saying it. 그것은 그것을 계속 말하고 있다.
   ➡ It ______. 그것은 그것을 계속 말 안 하고 있다.
6. They have been saying it. 그들은 그것을 계속 말하고 있다.
   ➡ They ______. 그들은 그것을 계속 말 안 하고 있다.
7. We have been saying it. 우리는 그것을 계속 말하고 있다.
   ➡ We ______. 우리는 그것을 계속 말 안 하고 있다.
8. Have I been saying it? 나는 그것을 계속 말하고 있니?
   ➡ ______ 나는 그것을 계속 말 안 하고 있니?
9. Have you been saying it? 너는 그것을 계속 말하고 있니?
   ➡ ______ 너는 그것을 계속 말 안 하고 있니?
10. Has he been saying it? 그는 그것을 계속 말하고 있니?
    ➡ ______ 그는 그것을 계속 말 안 하고 있니?
11. Has she been saying it? 그녀는 그것을 계속 말하고 있니?
    ➡ ______ 그녀는 그것을 계속 말 안 하고 있니?
12. Has it been saying it? 그것은 그것을 계속 말하고 있니?
    ➡ ______ 그것은 그것을 계속 말 안 하고 있니?
13. Have they been saying it? 그들은 그것을 계속 말하고 있니?
    ➡ ______ 그들은 그것을 계속 말 안 하고 있니?
14. Have we been saying it? 우리는 그것을 계속 말하고 있니?
    ➡ ______ 우리는 그것을 계속 말 안 하고 있니?

Haven't you의 발음: [t]와 반자음 [j]가 만나면서 [t]가 [tʃ]로 발음이 바뀌어서 [해븐츄]로 발음돼.

12 현재완료진행형 2 – 진행 시제에 못 쓰는 동사!

동사에는 현재, 과거, 미래와 같은 시제가 있는데, 그 중에서 주의할 시제가 바로 진행형이야. 진행형으로 만들 수 없는 동사가 있거든. 예를 들어 눈에 안 보이는 마음의 상태를 나타내는 know, like, love, want는 진행형을 안 써. 그리고 have가 '가지다'라는 소유를 나타내는 뜻일 때도 진행형을 쓸 수 없어. 왜 그러냐고? 이 단어들은 모두 현재진행형이 아니더라도 현재 진행 중인 상태를 나타내는 동사잖아. 생각해 봐. '안다, 좋아한다'는 게 어떤 순간을 나타내는 게 아니잖아. 그 말을 하는 순간 이미 진행 중인 상태이기 때문이야.

괄호 안에 들어갈 알맞은 말을 골라 동그라미하세요.

1. We (like, are liking) each other very much. 우리는 서로를 아주 많이 좋아한다.
2. I (have wanted, have been wanting) this smartphone. 나는 이 스마트폰을 원해 왔다.

정답 1. like 2. have wanted

눈에 안 보이는 상태를 나타내는 동사는 진행형을 안 써!

어떤 동작이 계속 진행되고 있는 것을 나타내는 진행 시제에는 현재진행형, 과거진행형, 미래진행형이 있고, 지금 우리가 배우고 있는 현재완료진행형이 있어. 그런데 모든 동사가 진행형을 쓸 수 있는 것은 아니야. 눈에 보이지 않는 상태를 나타내는 동사들은 진행형을 쓸 수 없어. 우선, 진행형을 못 쓰는 동사를 공부하기 전에 기본적인 진행형을 다시 한번 확인해 보자.

■ 진행 시제: 빈칸을 채우며 진행형을 정리해 보자.

현재 진행 ~하고 있다	과거진행 ~하고 있었다	현재완료진행 ~해 오고 있다
I am saying it. 나는 그것을 말하고 있다.	I was saying it. 나는 그것을 말하고 있었다.	I have been saying it. 나는 계속 그것을 말해 오고 있다.
You are saying it. 너는 그것을 말하고 있다.	You ______ [3] 너는 그것을 말하고 있었다.	You ______ [5] 너는 계속 그것을 말해 오고 있다.
He ______ [1] 그는 그것을 말하고 있다.	He ______ [4] 그는 그것을 말하고 있었다.	He ______ [6] 그는 계속 그것을 말해 오고 있다.
She is saying it. 그녀는 그것을 말하고 있다	She was saying it. 그녀는 그것을 말하고 있었다.	She ______ [7] 그녀는 계속 그것을 말해 오고 있다.
We ______ [2] 우리는 그것을 말하고 있다.	We were saying it. 우리는 그것을 말하고 있었다.	We ______ [8] 우리는 계속 그것을 말해 오고 있다.

정답 1. is saying it. 2. are saying it. 3. were saying it. 4. was saying it. 5. have been saying it. 6. has been saying it. 7. has been saying it. 8. have been saying it.

■ 진행 시제와 어울리지 않는 동사

일반적으로 소유, 지각, 인식, 감정을 나타내는 상태 동사는 진행형을 쓸 수 없어. 그러니까 실제로 눈에 보이는 동작이 아닌, 마음의 상태나 정신적인 활동은 진행형으로 표현할 수 없다고 생각하면 돼. 그럼 진행형을 못 쓰는 동사를 확인하며 빈칸을 채워 보자.

1. 진행형을 못 쓰는 동사 확인하기

구분	동사
소유, 소속	______ [1] 가지다 own 소유하다 belong 속하다
지각	smell ~한 냄새가 나다 ______ [2] ~한 맛이 나다 look ~처럼 보이다 see 보다 hear 듣다 feel 느끼다
정신적인 활동(인식)	appreciate 인정하다, 감사하다 believe 믿다 ______ [3] 잊다 know 알다 remember 기억하다 think 생각하다 understand 이해하다 realize 깨닫다
지속적인 감정	admire 존경하다, 칭찬하다 respect 존경하다 like 좋아하다 love 사랑하다 prefer 선호하다 ______ [4] 미워하다 want 원하다 wish 소망하다 need 필요하다
기타	seem ~인 것 같다 ______ [5] ~처럼 보이다 consist 이루어져 있다 contain ~이 들어 있다 ______ [6] 지키다

정답 1. have 2. taste 3. forget 4. hate 5. appear 6. keep

2. 진행형이 어울리지 않는 문장 확인하기

He **is having** a nice car. (X)
그는 좋은 차를 가지고 있는 중이다.

He **has** a nice car. (O)
그는 좋은 차를 가지고 있다.

Her soup **is tasting** good. ( )[1]
그녀의 수프는 맛이 좋아지고 있는 중이다.

Her soup **tastes** good. ( )[2]
그녀의 수프는 맛이 좋다.

I **am thinking** you're right. (X)
나는 네가 옳다고 생각하고 있다.

I **think** you're right. (O)
나는 네가 옳다고 생각한다.

He **is wanting** his own room. ( )[3]
그는 자기 방을 원하고 있다.

He **wants** his own room. ( )[4]
그는 자기 방을 원한다.

정답 1. X 2. O 3. X 4. O

■ **진행형 예외**: 눈에 보이는 동작의 의미를 갖게 되면 진행형 가능

위의 동사들 중에는 상태와 동작 둘 다 나타내는 동사들이 있어. 이러한 동사들이 상태 동사로 쓰일 경우에는 진행형을 쓸 수 없지만, 동작 동사로 쓰게 되면 진행형을 쓸 수 있어.

눈에 보이지 않는 움직임이라도 그것이 밖으로 표현되는 경우나 내가 적극적으로 그 행동을 하는 경우라면 진행형으로 쓸 수 있다는 말이지.

have	가지다 (상태) I'm having a car. (X) → I have a car. (O) 나는 차를 가지고 있다. 먹다 (동작) I'm having lunch. (O) 나는 점심을 먹고 있다.
think	~라고 생각하다 (상태) I'm thinking so. (X) → I ______[1] so. (O) 나는 그렇게 생각한다. ~에 대해 생각하다 (동작) I'm thinking about you. (O) 나는 너에 대해 생각하고 있다.
see	알다, 보다 (상태) I'm seeing what you mean. (X) → I ______[2] what you mean. (O) 나는 네가 뜻하는 것을 안다. 만나다 (동작)) I'm seeing somebody. (O) 나는 누군가를 만나고 있다.
feel	생각하다 (상태) I'm feeling you're right. (X) → I feel you're right. (O) 나는 네가 맞다고 생각한다. 느껴지다 (동작) I'm feeling fine. (O) 나는 상태가 좋다. feel이 내 기분을 나타낼 때는 진행형을 쓸 수 있어.
smell	~한 냄새가 나다 (상태) The rose is smelling good. (X) → The rose ______[3] good. (O) 그 장미는 향기가 좋다. ~의 냄새를 맡다 (동작) I'm smelling the roses. (O) 나는 그 장미들의 냄새를 맡고 있다.

정답 1. think 2. see 3. smells

우리말로 시작하기 다음의 문장들을 영작할 때 밑줄 친 부분을 진행형으로 쓸 수 있으면 O, 쓸 수 없으면 X로 표시하세요.

1. 와, 맛있는 **냄새가 나고 있어**. ( )
2. 나는 지금 간식으로 스파게티를 **먹고 있어**. ( )
3. 너는 무슨 음식을 제일 **좋아하고 있니**? ( )
4. 나는 햄버거와 피자를 **원하고 있어**. ( )
5. 내 동생은 스파게티 냄새를 **맡고 있어**. ( )

1 괄호 안에 알맞은 동사의 형태를 고르세요.

1. He (has, is having) the private airplane. 그는 그 전용 비행기를 가지고 있다.
2. The private airplane (belongs, is belonging) to him. 그 전용 비행기는 그의 소유이다.
3. Her soup (tastes, is tasting) good. 그녀의 수프는 맛이 좋다.
4. I (have, am having) breakfast right now. 나는 지금 아침을 먹고 있다.
5. I (think, am thinking) you're right. 나는 네가 옳다고 생각한다.
6. She (sees, is seeing) somebody. 그녀는 누군가를 사귀고 있다.
7. He (wants, is wanting) his own room. 그는 자기 방을 원한다.
8. Sally (studies, has been studying) for a long time. 샐리는 오랫동안 계속 공부하고 있다.
9. We (are knowing, have known) Michael for three years. 우리는 마이클을 3년 동안 알아 왔다.
10. I (respect, am respecting) my parents the most. 나는 우리 부모님을 제일 존경한다.
11. They (play, have been playing) soccer since morning. 그들은 아침부터 계속 축구를 하고 있다.

2 밑줄 친 동사가 진행형이 가능하면 현재완료진행형으로, 진행형이 가능하지 않으면 현재완료로 바꾸세요.

보기 | I say it. 나는 그것을 말한다.
I have said it for three hours. 나는 그것을 3시간 동안 말해 왔다.
I have been saying it for three hours. 나는 그것을 3시간 동안 계속 말하고 있다.

1. I **like** Michael. 나는 마이클을 좋아한다.
   ➡ I ______________________ for five years. 나는 마이클을 5년 동안 계속 좋아해 왔다.
2. They **play** basketball. 그들은 농구를 한다.
   ➡ They ______________________ since morning. 그들은 아침부터 계속 농구를 하고 있다.
3. He **has** his own room. 그는 자기 방을 가지고 있다.
   ➡ He ______________________ since he was little. 그는 어릴 때부터 자기 방을 가지고 있어 왔다.
4. I **admire** my teacher. 나는 우리 선생님을 존경한다.
   ➡ I ______________________ so far. 나는 지금까지 우리 선생님을 존경해 왔다.

소화제 투입 눈에 안 보이는 마음의 상태를 나타내는 동사는 진행형을 쓸 수 없어.

주어와 be동사는 축약형으로 쓰세요.

Memorization 우리말을 보고 영어 문장을 완성하세요.

1. 그는 좋은 차를 가지고 있다. ➡ He _______ _______ _______ _______.
2. 그녀의 수프는 맛이 좋다. ➡ Her soup _______ _______.
3. 나는 네가 옳다고 생각한다. ➡ I _______ _______ _______.
4. 그는 자기 방을 원한다. ➡ He _______ _______ _______ _______.
5. 나는 점심을 먹고 있다. ➡ _______ h_______ lunch.
6. 나는 너에 대해 생각하고 있다. ➡ _______ _______ about you.
7. 나는 누군가를 사귀고 있다. ➡ _______ s_______ somebody.
8. 나는 상태가 좋다. ➡ _______ _______ fine.
9. 나는 그 장미들의 냄새를 맡고 있다. ➡ _______ _______ the roses.

소화제 투입

같은 동사라도, 상태를 나타낼 때는 진형형을 못 쓰고, 동작을 나타낼 때는 진행형을 쓸 수 있어!
have 가지다 (상태) / 먹다 (동작) think '~라고 생각하다' (상태) / '~에 대해 생각하다' (동작) see 알다, 보다 (상태) / 만나다 (동작)
feel 생각하다 (상태) / 느껴지다 (동작) smell '~한 냄새가 나다' (상태) / '~의 냄새를 맡다' (동작)

그림으로 기억하기 그림을 보고, 괄호 안에서 알맞은 것을 고르세요.

1.

The dog (is belonging, belongs) to him.

2.

Betty (looks, is looking) wonderful today.

13 과거완료의 형식과 의미 — '막, 쭉, 적, 응?'의 과거 버전

과거완료 역시 우리말에는 없는 시제라서 낯설게 느껴질 거야. 하지만 현재완료를 이해했다면 어렵지 않아. 현재완료의 '막쭉적응?'을 그때 그 시절(과거)로 옮긴 것뿐이거든. 예를 들어 We have done it. (현재 기준으로) '우린 (막) 마쳤다.'를 We had done it. (과거 기준으로) '우린 막 마쳤었다.'로 시점만 이동한 거지. 'have + p.p.'의 have가 had로 바뀐 것뿐이야. 그러니까 과거완료의 형식은 'had + p.p.(과거분사)'야.

I have seen him. 나는 그를 본 적이 있다. (현재완료: 현재까지의 동작, 상태)

I had seen him before he talked to me. 나는 그가 나에게 말을 걸기 전에 그를 본 적이 있었다. (과거완료: 과거까지의 동작, 상태)

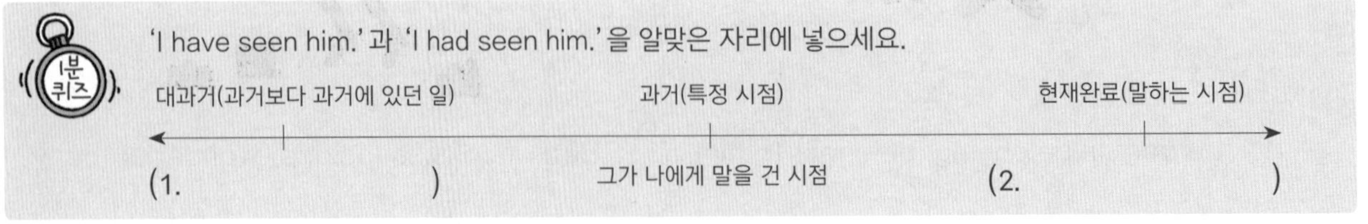

정답 1. I had seen him. 2. I have seen him.

과거완료를 쓰는 경우는 2가지! - 과거까지의 '막쭉적응?'과 과거 두 사건의 전후 비교!

■ **과거완료의 형식**: 『had + p.p.(과거분사)』

과거완료는 현재완료의 시점을 과거로 이동시킨 거야. 그래서 과거완료는 과거의 특정 시점을 기준으로 그때까지의 동작이나 상태의 완료(막), 계속(쭉), 경험(적), 결과(응?)를 나타낼 때 사용돼. 그리고 한 가지 더 있는데, 바로 과거 두 사건의 전후를 비교할 때 사용해.

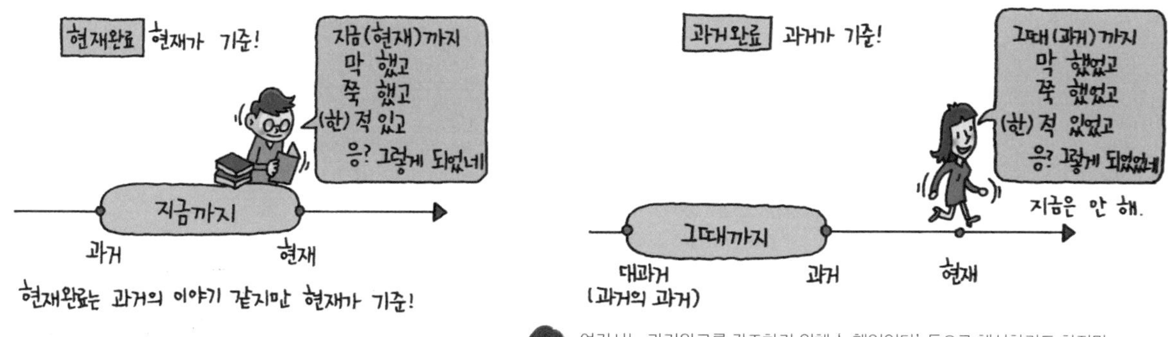

여기서는 과거완료를 강조하기 위해 '~했었었다' 등으로 해석하기도 하지만, 국어 문법으로는 '했었다'나 '했다'가 맞아. 우리말에는 완료 시제가 없기 때문이지.

■ **과거까지의 '막쭉적응?'**: 현재완료의 시점을 과거로 이동시킨 과거완료의 4가지 용법

1. **완료(막)**: 과거 특정 시점까지 어떤 행동을 막 마친 것

   I **had** already **done** my homework when my mother entered my room.
   나는 엄마가 내 방에 들어왔을 때 숙제를 이미 마쳤었다.

2. **계속(쭉)**: 그때까지 쭉 과거 특정 시점까지의 어떤 동작이나 상태가 (쭉) 계속된 것

   I **had played** soccer for ten years before last year. 나는 작년 이전까지 십 년 동안 축구를 계속(쭉) 했었다.

3. **경험(적)**: 과거 특정 시점까지의 경험

   I **had been** to Paris once before I was twenty. 나는 20살이 되기 전에 파리에 한 번 가 본 적이 있었다.

4. **결과(응?)**: 과거 특정 시점 전에 일어난 일이 영향을 미쳐 그 결과 사건 전후가 달라진 것

   Dad **had gone** to New York when I was born. 내가 태어났을 때 아빠는 뉴욕에 가 버리고 없었다. (있다가 없는 상태)

   I lost the cellphone that I **had bought** the day before. 나는 그 전날 샀었던 휴대폰을 잃어버렸다.

   = I bought a cellphone, and I lost it the next day. 나는 휴대폰을 샀는데, 그다음 날 그것을 잃어버렸다.

■ **과거 두 사건의 전후를 비교할 때 쓰는 과거완료**

과거완료는 보통 앞뒤 관계를 명확히 하고 싶을 때 사용해. 예를 들어 과거에 미숙이와 선영이를 사랑했던 철수에게, 둘 중 누구 먼저 사랑했는지 묻는다면? 둘 중 미숙이를 먼저 사랑했다는 표현을 할 때도 과거완료를 사용해.

■ 현재완료 VS 과거완료

기준이 '현재' / 기준이 '그때'

현재완료: 현재의 어느 때까지 '막쭉적응?'		과거완료: 과거의 어느 때까지 '막쭉적응?'	
긍정문 그것을 막 마쳤다. 그것을 쭉 해 왔다. 그것을 한 적이 있다. 그것을 해 버렸다.(응?)	**부정문** 그것을 막 안 마쳤다. 그것을 쭉 안 해 왔다. 그것을 한 적이 없다. 그것을 해 버리진 않았다.	**긍정문** (그때까지) 그것을 막 마쳤었다. 그것을 쭉 해 왔었다. 그것을 한 적이 있었다. 그것을 해 버렸었다.(응?)	**부정문** 그것을 막 안 마쳤었다. 그것을 쭉 안 해 왔었다. 그것을 한 적이 없었다. 그것을 해 버렸던 건 아니었다.
I have done it.	I haven't done it.	I had done it.	I hadn't done it.
You have done it.	You haven't done it.	You ____________ 1 it.	You hadn't done it.
He has done it.	He hasn't done it.	He had done it.	He ____________ 3 it.
We have done it.	We haven't done it.	We ____________ 2 it.	We hadn't done it.

정답 1. had done 2. had done 3. hadn't done

■ 현재 vs 과거 vs 과거완료(대과거)

현재는 A핑크를 좋아하지만, 과거에 소녀시대를 좋아했고, 그 전에는 원더걸스를 좋아했던 나. 두 과거 중 비교해서 어떤 것이 더 과거인지 밝히고 싶다면, 과거완료를 사용하면 돼.

현재	과거	과거완료 (두 과거 중 비교해서 더 과거인 것)	
I like A pink. 나는 A핑크를 좋아한다.	I liked SNSD. 나는 소녀시대를 좋아했다.	I had liked Wonder Girls. 나는 원더걸스를 좋아했었다.	← 원더걸스를 좋아한 것이 소녀시대를 좋아한 것보다 더 과거.
You drink coffee. 너는 커피를 마신다.	You drank tea. 너는 차를 마셨다.	You had drunken milk. 너는 우유를 마셨었다.	← 우유를 마신 것이 차를 마신 것보다 더 과거.
She goes to college. 그녀는 대학에 간다.	She went to high school. 그녀는 고등학교에 갔다.	She had gone to middle school. 그녀는 중학교에 갔었다.	← 중학교에 간 것이 고등학교에 간 것보다 더 과거.

■ 과거완료의 4CC 연습하기

과거완료의 4CC도 현재완료의 4CC와 규칙은 같아. 현재완료의 have / has만 had로 바꾸면 돼!

긍정 평서문 그를 본 적이 있었다.	긍정 의문문 그를 본 적이 있었니?	부정 평서문 그를 본 적이 없었다.	부정 의문문 그를 본 적이 없었니?
I had seen him.	Had I seen him?	____________ 3 나는 그를 본 적이 없었다.	Hadn't I seen him?
____________ 1 너는 그를 본 적이 있었다.	Had you seen him?	You hadn't seen him.	Hadn't you seen him?
She had seen him.	____________ 2 그녀는 그를 본 적이 있었니?	She hadn't seen him.	Hadn't she seen him?
We had seen him.	Had we seen him?	We hadn't seen him.	____________ 4 우리는 그를 본 적이 없었니?

정답 1. You had seen him. 2. Had she seen him? 3. I hadn't seen him. 4. Hadn't we seen him?

영어로 해보기 **1** 과거의 2가지 일 중 먼저 일어난 일을 과거완료로 표현하세요.

두 과거 중 더 먼저 일어난 일을 과거완료로 표현!

1. 10분 전 — 5분 전 — 현재

The bus **left**. I **arrived**.

The bus ______________ before I **arrived**.
그 버스는 내가 도착하기 전에 떠났었다.

2. 오후 9시 — 오후 9시 30분 — 현재

I **did** my homework. I **went** to bed.

After I ______________ my homework, I **went** to bed.
나는 숙제를 끝내고 나서, 잠자리로 갔다.

3. 어제 오전 — 어제 오후 — 현재

I **lost** my wallet. I **had** no money.

I **had** no money. Because I ______________ my wallet.
나는 돈이 없었다. 지갑을 잃어버렸었기 때문이다.

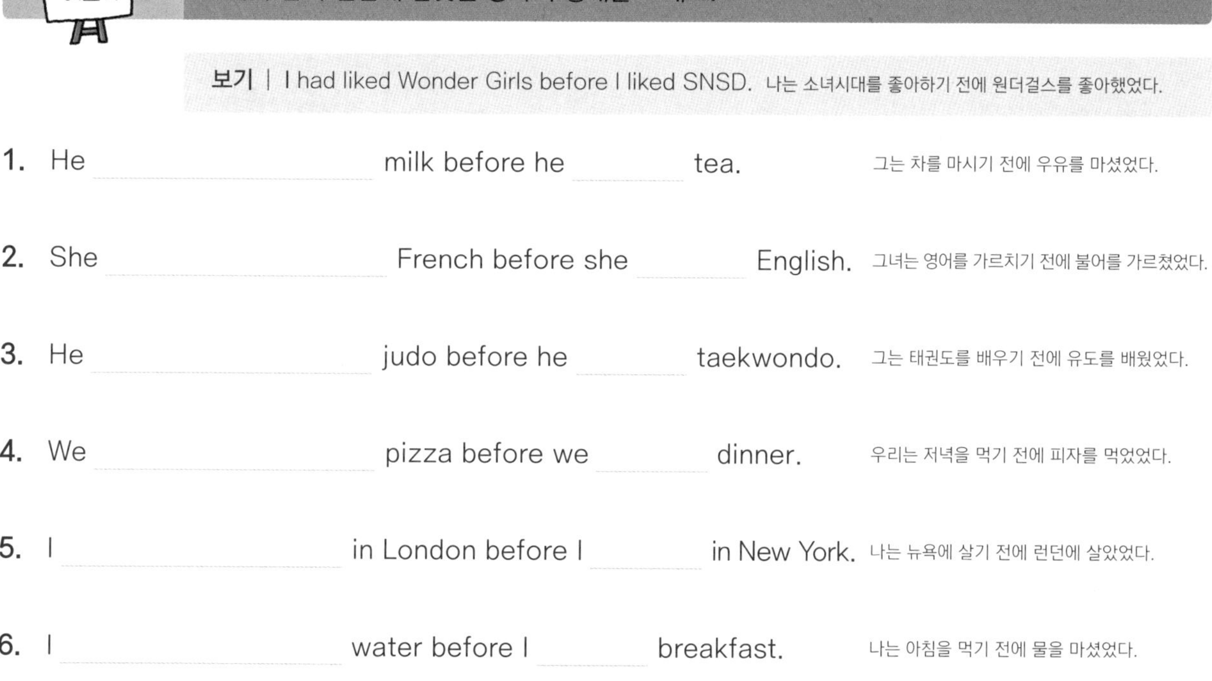

영어로 해보기 **2** 보기와 같이 빈칸에 알맞은 동사의 형태를 쓰세요.

보기 | I had liked Wonder Girls before I liked SNSD. 나는 소녀시대를 좋아하기 전에 원더걸스를 좋아했었다.

1. He ______________ milk before he ________ tea. 그는 차를 마시기 전에 우유를 마셨었다.
2. She ______________ French before she ________ English. 그녀는 영어를 가르치기 전에 불어를 가르쳤었다.
3. He ______________ judo before he ________ taekwondo. 그는 태권도를 배우기 전에 유도를 배웠었다.
4. We ______________ pizza before we ________ dinner. 우리는 저녁을 먹기 전에 피자를 먹었었다.
5. I ______________ in London before I ________ in New York. 나는 뉴욕에 살기 전에 런던에 살았었다.
6. I ______________ water before I ________ breakfast. 나는 아침을 먹기 전에 물을 마셨었다.

부정문은 축약형으로 쓰세요.

지시문에 따라 영어 문장을 쓰세요.

과거완료 평서문 쓰기

1. (그때까지) 나는 그를 본 적이 있었다. ➡ I had seen him.
2. (그때까지) 너는 그를 본 적이 있었다. ➡ You
3. (그때까지) 그는 그를 본 적이 있었다. ➡ He
4. (그때까지) 그녀는 그를 본 적이 있었다. ➡ She
5. (그때까지) 그것은 그를 본 적이 있었다. ➡ It
6. (그때까지) 그들은 그를 본 적이 있었다. ➡ They
7. (그때까지) 우리는 그를 본 적이 있었다. ➡ We
8. (그때까지) 나는 그를 본 적이 없었다. ➡ I
9. (그때까지) 너는 그를 본 적이 없었다. ➡ You
10. (그때까지) 그는 그를 본 적이 없었다. ➡ He
11. (그때까지) 그녀는 그를 본 적이 없었다. ➡ She
12. (그때까지) 그것은 그를 본 적이 없었다. ➡ It
13. (그때까지) 그들은 그를 본 적이 없었다. ➡ They
14. (그때까지) 우리는 그를 본 적이 없었다. ➡ We

과거완료 부정 의문문으로 바꾸기

15. Had I seen him? ➡
16. Had you seen him? ➡
17. Had he seen him? ➡
18. Had she seen him? ➡
19. Had it seen him? ➡
20. Had they seen him? ➡
21. Had we seen him? ➡

14 과거완료진행형 – 과거 어느 때까지 동작이 계속(쭉) 진행되고 있는 것!

과거완료진행형은 현재완료진행형을 과거의 특정 시점으로 이동시킨 거야. 형태는 'had been + ~ing'로 '계속 ~하고 있었다'라는 뜻이야. 과거 어느 때까지 동작이 계속 진행되고 있었던 것을 강조할 때 쓰는 표현이지. 현재완료진행형(have been + ~ ing)을 시점만 과거로 "뿅~!" 하고 옮겨 놨다고 생각하면 돼.

1분 퀴즈

그림을 보고 괄호 안에 알맞은 말을 골라 동그라미하세요.

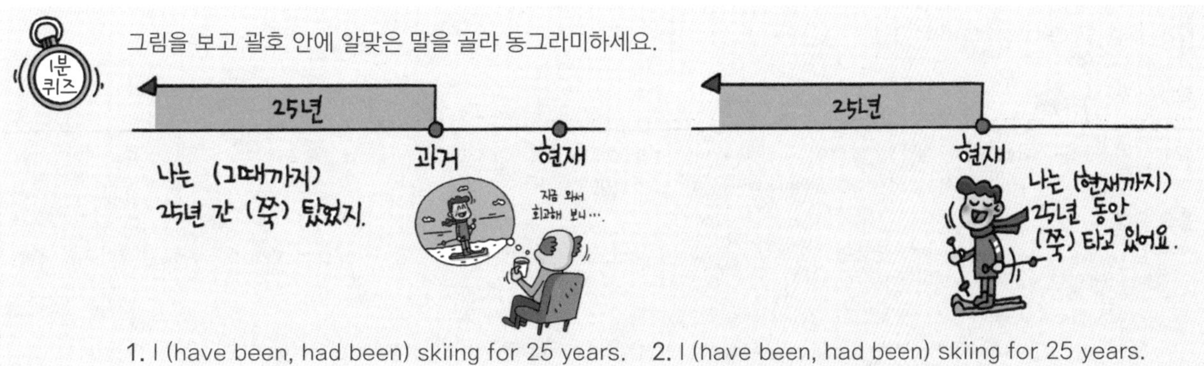

1. I (have been, had been) skiing for 25 years.
2. I (have been, had been) skiing for 25 years.

정답 1. had been 2. have been

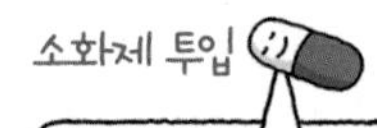

현재완료진행도 have been, 과거완료진행도 had been, 왜 완료진행형 둘 다 been이 오냐고? 당연하지! be동사의 p.p.형이 been이니까.
I was watching.
I had been watching.

과거완료진행형 - 과거완료 '쭉(계속)'을 강조한 것!

■ 과거완료진행형의 형식: 『had been + ~ing』

과거완료 중 진행 느낌을 굳이 강조하고 싶을 때 과거완료진행형을 사용해.

I **had been watching** him before he came to me. 나는 그가 나에게 오기 전에 계속 지켜보고 있었었다.

■ 과거완료 vs 과거완료진행형

과거완료 (과거의 특정 시점까지) 그것을 쭉(계속) 해 왔었다.	과거완료진행 (과거의 특정 시점까지) 그것을 쭉(계속) 해 오고 있었다.
I had done it. 나는 (그때까지) 그것을 쭉 해 왔었다.	I had been doing it. 나는 (그때까지) 그것을 쭉 해 오고 있었다.
You had done it. 너는 (그때까지) 그것을 쭉 해 왔었다.	You had been doing it. 너는 (그때까지) 그것을 쭉 해 오고 있었다.
She had done it. 그녀는 (그때까지) 그것을 쭉 해 왔었다.	She ______________ 2 그녀는 (그때까지) 그것을 쭉 해 오고 있었다.
We had done it. 우리는 (그때까지) 그것을 쭉 해 왔었다.	We ______________ 3 우리는 (그때까지) 그것을 쭉 해 오고 있었다.
They ______________ 1 그들은 (그때까지) 그것을 쭉 해 왔었다.	They had been doing it. 그들은 (그때까지) 그것을 쭉 해 오고 있었다.

정답 1. had done it. 2. had been doing it. 3. had been doing it.

■ 완료 시제로 보는 두 친구의 대화

과거완료와 과거완료진행형은 근본적으로 '사건의 전후 관계'를 설명하기 위해 나온 거야.

현재완료, 과거완료, 현재완료진행, 과거완료진행 시제가 실제 문장에서 어떻게 쓰이는지 살펴보자.

A: Hey, what's up? How **have** you **been**?	A: 야, 어쩐 일이야? 어떻게 지냈어?
B: Long time no see! I **have been** great.	B: 오랜만이야! 나는 잘 지냈어.
A: You lived in Japan the last time I heard from you, right?	A: 내가 마지막으로 네 소식 들었을 때 너는 일본에 살았어, 그렇지?
B: Right! Jane and I **had lived** in Japan for 5 years. And then we moved to Seoul and **have lived** here ever since. Are you still working with Google?	B: 맞아! 제인이랑 나는 5년 동안 일본에 살았었어. 그러고 나서 우리는 서울로 이사 왔고 그때 이후로 여기 살고 있어. 너는 여전히 구글에서 일하니?
A: No. It was long time ago. I **had been working** with them before I started working with Facebook. And I **have been doing** business with Samsung since I quit Facebook.	A: 아니. 그건 오래전 일이야. 나는 페이스북에서 일을 시작하기 전에 거기에서 계속 일하고 있었어. 그리고 페이스북을 그만 둔 이후로는 삼성과 계속 거래해 오고 있어.
B: That sounds wonderful.	B: 굉장하다.

소화제 투입

필수 단어 & 숙어 **What's up**? 어쩐 일이야? (편안한 인사) **Long time no see**. 오랜만이야. (콩글리시 같지만 정말 많이 쓰는 표현이야.) **hear from** ~에게 소식을 듣다 **work with** ~에서 일하다 **do business with** ~와 거래하다 **quit** 그만두다

중요 문법

- How have you been?: 첫인사부터 완료형이네. How have you been?(지금까지 어떻게 지냈어?)은 How are you?의 현재완료 형태야. 예를 들어, 10년 만에 만난 친구라면 현재완료가, 현재형 문장보다 더 어울리는 표현이지.
- 『the last time 주어 + 동사』: '마지막으로 ~했을 때'라는 뜻으로, 뒤에 거의 과거 시제가 나와.
- 『start + ~ing』: '~하기 시작하다'라는 뜻인데, start 뒤에 오는 '동사원형 + ~ing'형은 동사이면서 명사처럼 목적어 역할도 하는 동명사라고 해.
- 『That sounds + 형용사』: '~하게 들린다'는 뜻으로, That을 빼고 'Sounds + 형용사'로 말할 수도 있어.

■ 과거완료진행형의 4CC 연습하기: 다음 표를 완성해 보자!

긍정 평서문 (그때까지) 계속(쭉) 그를 지켜보고 있었다.	긍정 의문문 (그때까지) 계속(쭉) 그를 지켜보고 있었니?
I had been watching him.	Had I been watching him?
1 ______ 너는 (그때까지) 계속(쭉) 그를 지켜보고 있었다.	Had you been watching him?
He had been watching him.	2 ______ 그는 (그때까지) 계속(쭉) 그를 지켜보고 있었니?
She had been watching him.	Had she been watching him?
It had been watching him.	Had it been watching him?
We had been watching him.	Had we been watching him?
They had been watching him.	Had they been watching him?
부정 평서문 (그때까지) 계속(쭉) 그를 안 지켜보고 있었다.	**부정 의문문** (그때까지) 계속(쭉) 그를 안 지켜보고 있었니?
I hadn't been watching him.	Hadn't I been watching him?
You hadn't been watching him.	Hadn't you been watching him?
He hadn't been watching him.	Hadn't he been watching him?
3 ______ 그녀는 (그때까지) 계속(쭉) 그를 안 지켜보고 있었다.	Hadn't she been watching him?
It hadn't been watching him.	Hadn't it been watching him?
We hadn't been watching him.	4 ______ 우리는 (그때까지) 계속(쭉) 그를 안 지켜보고 있었니?
They hadn't been watching him.	Hadn't they been watching him?

정답 1. You had been watching him. 2. Had he been watching him? 3. She hadn't been watching him. 4. Hadn't we been watching him?

밑줄 친 부분에 알맞은 시제를 골라 동그라미하세요.

1. 아빠는 20년 동안 은행원으로 **계속 일하고 계셔.** (현재완료진행, 과거완료진행)
2. 엄마는 작년부터 지금까지 요가를 **계속 배우고 계셔.** (현재완료진행, 과거완료진행)
3. 누나는 오늘 아침부터 2시간 동안 **화장을 하고 있어.** (현재완료진행, 과거완료진행)
4. 그녀는 화장을 하기 전에는 2시간 동안 **통화를 하고 있었어.** (현재완료진행, 과거완료진행)
5. 어제 나는 엄마가 전화를 하기 전에 계속 **축구를 하고 있었어.** (현재완료진행, 과거완료진행)
6. 형은 3시간 동안 계속 **게임을 하고 있어.** (현재완료진행, 과거완료진행)

제시된 동사를 이용해서 현재완료진행형과 과거완료진행형 문장을 완성하세요.

1. It ___has been raining___ for three hours.
세 시간 동안 계속 비가 오고 있다. rain

It ___had been raining___ for three hours when I went out.
내가 나갔을 때 세 시간 동안 계속 비가 오고 있었다.

2. He ______________ all day long.
그는 하루 종일 계속 수영을 하고 있다. swim

He ______________ all day long when we saw him.
그는 우리가 그를 봤을 때 하루 종일 계속 수영을 하고 있었다.

3. Helen ______________ on the phone for an hour.
헬렌은 1시간 동안 전화 통화를 계속 하고 있다. talk

Helen ______________ on the phone for an hour when her baby cried.
헬렌은 아기가 울었을 때 1시간 동안 전화 통화를 계속 하고 있었다.

4. They ______________ baseball since this morning.
그들은 오늘 아침 이후 계속 야구를 하고 있다. play

They ______________ baseball all morning when he joined them.
그들은 그가 합류했을 때 오전 내내 계속 야구를 하고 있었다.

5. I ______________ with Google for two years.
나는 2년 동안 구글에서 계속 일해 오고 있다. work

I ______________ with Google for two years before I started to work with Facebook.
나는 페이스북과 일하기 시작하기 전에 2년 동안 구글에서 계속 일하고 있었다.

6. ________ she ______________ her ring since yesterday?
그녀는 어제 이후로 계속 그녀의 반지를 찾고 있니? look for: 의문문

________ she ______________ her ring for a long time when he found it?
그녀는 그가 그녀의 반지를 찾았을 때 오랫동안 계속 그것을 찾고 있었니?

7. Mark ______________ anything for a day.
마크는 하루 동안 계속 아무것도 먹고 있지 않다. eat: 부정문

Mark ______________ anything for a day before you gave him milk.
마크는 네가 그에게 우유를 주기 전에 하루 동안 계속 아무것도 먹고 있지 않았다.

8. ________ you ______________ yoga for five years?
너는 5년 동안 계속 요가를 가르치고 있지 않니? teach: 부정 의문문

________ you ______________ yoga for five years before you learned ballet?
너는 발레를 배우기 전에 5년 동안 계속 요가를 가르치고 있지 않았니?

소화제 투입

필수 단어 talk on the phone 통화하다 join 합류하다 ballet 발레

Memorization 다음 문장을 의문문으로 바꾸세요.

1. I had been watching him. 나는 (그때까지) 그를 계속(쭉) 지켜보고 있었다.

➡ Had ______ 나는 (그때까지) 그를 계속(쭉) 지켜보고 있었니?

2. You had been watching him. 너는 (그때까지) 그를 계속(쭉) 지켜보고 있었다.

➡ ______ 너는 (그때까지) 그를 계속(쭉) 지켜보고 있었니?

3. He had been watching him. 그는 (그때까지) 그를 계속(쭉) 지켜보고 있었다.

➡ ______ 그는 (그때까지) 그를 계속(쭉) 지켜보고 있었니?

4. She had been watching him. 그녀는 (그때까지) 그를 계속(쭉) 지켜보고 있었다.

➡ ______ 그녀는 (그때까지) 그를 계속(쭉) 지켜보고 있었니?

5. It had been watching him. 그것은 (그때까지) 그를 계속(쭉) 지켜보고 있었다.

➡ ______ 그것은 (그때까지) 그를 계속(쭉) 지켜보고 있었니?

6. They had been watching him. 그들은 (그때까지) 그를 계속(쭉) 지켜보고 있었다.

➡ ______ 그들은 (그때까지) 그를 계속(쭉) 지켜보고 있었니?

7. We had been watching him. 우리는 (그때까지) 그를 계속(쭉) 지켜보고 있었다.

➡ ______ 우리는 (그때까지) 그를 계속(쭉) 지켜보고 있었니?

8. I hadn't been watching him. 나는 (그때까지) 그를 계속(쭉) 안 지켜보고 있었다.

➡ ______ 나는 (그때까지) 그를 계속(쭉) 안 지켜보고 있었니?

9. You hadn't been watching him. 너는 (그때까지) 그를 계속(쭉) 안 지켜보고 있었다.

➡ ______ 너는 (그때까지) 그를 계속(쭉) 안 지켜보고 있었니?

10. He hadn't been watching him. 그는 (그때까지) 그를 계속(쭉) 안 지켜보고 있었다.

➡ ______ 그는 (그때까지) 그를 계속(쭉) 안 지켜보고 있었니?

11. She hadn't been watching him. 그녀는 (그때까지) 그를 계속(쭉) 안 지켜보고 있었다.

➡ ______ 그녀는 (그때까지) 그를 계속(쭉) 안 지켜보고 있었니?

12. It hadn't been watching him. 그것은 (그때까지) 그를 계속(쭉) 안 지켜보고 있었다.

➡ ______ 그것은 (그때까지) 그를 계속(쭉) 안 지켜보고 있었니?

13. They hadn't been watching him. 그들은 (그때까지) 그를 계속(쭉) 안 지켜보고 있었다.

➡ ______ 그들은 (그때까지) 그를 계속(쭉) 안 지켜보고 있었니?

14. We hadn't been watching him. 우리는 (그때까지) 그를 계속(쭉) 안 지켜보고 있었다.

➡ ______ 우리는 (그때까지) 그를 계속(쭉) 안 지켜보고 있었니?

복습 08~14과 완료 시제 총정리

빈칸을 채워 표를 완성하세요!

08 현재완료 1 현재완료의 형식과 의미

막(지금 막 ~했다), 쭉(쭉 ~해 왔다), 적(~한 적이 있다), 응(~해 버렸다. 응?) 중 하나로 해석.

긍정 평서문 그것을 만든 적이 있다.	긍정 의문문 그것을 만든 적이 있니?	부정 평서문 그것을 만든 적이 없다.	부정 의문문 그것을 만든 적이 없니?
I have made it.	Have I made it?	I haven't made it.	Haven't I made it?
You ____ 1	Have you made it?	6	Haven't you made it?
He ____ 2	Has he made it?	7	Hasn't he made it?
She has made it.	4	She hasn't made it.	9
We ____ 3	Have we made it?	8	Haven't we made it?
They have made it.	5	They haven't made it.	10

09 현재완료 2 현재완료 '계속'의 절친 전치사들 for, since!

오랫동안 그것을 해 왔다. for	2010년 이후로 그것을 해왔다. since
I have done it for a long time.	I have done it since 2010
He ____ 1	He ____ 3
It has done it for a long time.	It ____ 4
We ____ 2	We have done it since 2010.

10 현재완료를 못 쓰는 경우 과거 부사와는 만날 수 없는 사이!

현재완료는 yesterday, ago, last 등처럼 과거를 나타내는 부사(구)와 함께 쓰지 않음.

과거(~였다, ~했다): 이틀 전에 아팠다.	현재완료(~해 왔다): 이틀 동안 아파 왔다.
I was sick two days ago.	I ____ 3
You ____ 1	You have been sick for two days.
He was sick two days ago.	He ____ 4
We ____ 2	We have been sick for two days.

11 현재완료진행형 1 '쭉'이 말하는 지금 이 순간에도 계속되는 것!

현재 그것을 말한다.	현재진행(am / is / are + ~ing) 그것을 말하고 있다.	과거 그것을 말했다.	과거진행(was / were + ~ing) 그것을 말하고 있었다.
I say it	I am saying it	I said it.	I was saying it.
You ____ 1	You are saying it.	5	You were saying it.
He ____ 2	4	He said it.	7
We ____ 3	We are saying it.	6	8

긍정 평서문 계속 그것을 말하고 있다.	긍정 의문문 계속 그것을 말하고 있니?	부정 평서문 계속 그것을 말 안 하고 있다.	부정 의문문 계속 그것을 말 안 하고 있니?
I have been saying it.	Have I been saying it?	I haven't been saying it.	Haven't I been saying it?
You ____ 9	Have you been saying it?	You haven't been saying it.	13 ____
He ____ 10	Has he been saying it?	12 ____	Hasn't he been saying it?
We have been saying it.	11 ____	We haven't been saying it.	Haven't we been saying it?

12 현재완료진행형 2 진행 시제에 못 쓰는 동사

____ 1, 소속	have 가지다 own 2 소유하다 ____ 3 속하다
____ 4	____ 5 ~한 냄새가 나다 taste ~한 맛이 나다 ____ 6 ~처럼 보이다 see 보다 hear 듣다 ____ 7 느끼다
정신적인 활동(인식)	____ 8 인정하다, 감사하다 believe 믿다 ____ 9 잊다 ____ 10 알다 remember 기억하다 ____ 11 생각하다 understand 이해하다 realize 깨닫다
지속적인 ____ 12	____ 13 존경하다, 칭찬하다 respect 존경하다 ____ 14 좋아하다 love 사랑하다 ____ 15 선호하다 hate 미워하다 ____ 16 원하다 wish 소망하다 need 필요하다
기타	____ 17 ~인 것 같다 appear ~처럼 보이다 ____ 18 이루어져 있다 contain ~이 들어 있다 ____ 19 지키다

13 과거완료의 형식과 의미 '막, 쭉, 적, 응?'의 과거 버전

긍정 평서문 막 봤었다. I 쭉 봐 왔었다. 본 적이 있었다. I 봐 버렸었다.	긍정 의문문 막 봤었니? I 쭉 봐 왔었니? 본 적이 있었니? I 봐 버렸었니?	부정 평서문 막 안 봤었다. I 쭉 안 봐 왔었다. 본 적이 없었다. I 안 봐 버렸었다.	부정 의문문 막 안 봤었니? I 쭉 안 봐 왔었니? 본 적이 없었니? I 안 봐 버렸었니?
I had seen him.	Had I seen him?	I hadn't seen him.	Hadn't I seen him?
You had seen him.	2 ____	You hadn't seen him.	5 ____
He ____ 1	Had he seen him?	4 ____	Hadn't he seen him?
They had seen him.	3 ____	They hadn't seen him.	6 ____

14 과거완료진행형 과거 어느 때까지 동작이 계속(쭉) 진행되고 있는 것!

긍정 평서문 그것을 계속 하고 있었다.	긍정 의문문 그것을 계속 하고 있었니?	부정 평서문 그것을 계속 안 하고 있었다.	부정 의문문 그것을 계속 안 하고 있었니?
I had been doing it.	Had I been doing it?	I hadn't been doing it.	5 ____
You had been doing it.	Had you been doing it?	3 ____	6 ____
He had been doing it.	2 ____	He hadn't been doing it.	Hadn't he been doing it?
We ____ 1	Had we been doing it?	4 ____	Hadn't we been doing it?

부정문은 축약형으로 쓰세요.

다음 문제를 읽고 답을 쓰세요.

1 주어진 문장을 과거, 현재완료, 과거완료, 현재진행, 과거진행, 현재완료진행, 과거완료진행 시제로 만드세요.

보기 | I teach yoga. 나는 요가를 가르친다.
I taught yoga three years ago. 나는 3년 전에 요가를 가르쳤다.
I have taught yoga for three years. 나는 3년 동안 요가를 가르치고 있다.
I had taught yoga for three years before I learned ballet. 나는 발레를 배우기 전에 3년 동안 요가를 가르쳤다.
I am teaching yoga right now. 나는 지금 요가를 가르치고 있다.
I was teaching yoga when you came. 나는 네가 왔을 때 요가를 가르치고 있었다.
I have been teaching yoga since 2010. 나는 2010년 이후로 요가를 계속 가르치고 있다.
I had been teaching yoga for three years before I learned ballet.
나는 발레를 배우기 전에 3년 동안 요가를 계속 가르치고 있었다.

1. She studies Chinese. 그녀는 중국어를 공부한다.
She ________ Chinese three years ago. 그녀는 3년 전에 중국어를 공부했다.
She ________ Chinese for three years. 그녀는 3년 동안 중국어를 공부하고 있다.
She ________ Chinese for three years before she learned Korean.
그녀는 한국어를 배우기 전에 3년 동안 중국어를 공부했다.
She ________ Chinese right now. 그녀는 지금 중국어를 공부하고 있다.
She ________ Chinese when you came. 그녀는 네가 왔을 때 중국어를 공부하고 있었다.
She ________ Chinese since 2010. 그녀는 2010년 이후로 중국어를 계속 공부하고 있다.
She ________ Chinese for three years before she learned Korean.
그녀는 한국어를 배우기 전에 3년 동안 중국어를 계속 공부하고 있었다.

2. He doesn't read the newspaper. 그는 신문을 안 읽는다.
He ________ the newspaper three years ago. 그는 3년 전에 신문을 안 읽었다.
He ________ the newspaper for three years. 그는 3년 동안 신문을 안 읽어 왔다.
He ________ the newspaper for three years before he read books.
그는 책들을 읽기 전에 3년 동안 신문을 안 읽었다.
He ________ the newspaper right now. 그는 지금 신문을 안 읽고 있다.
He ________ the newspaper when you came. 그는 네가 왔을 때 신문을 안 읽고 있었다.
He ________ the newspaper since 2010. 그는 2010년 이후로 신문을 계속 안 읽고 있다.
He ________ the newspaper for three years before he read books.
그는 책들을 읽기 전에 3년 동안 신문을 계속 안 읽고 있었다.

3. Do they play baseball? 그들은 야구를 하니?
________ they ________ baseball three years ago? 그들은 3년 전에 야구를 했니?
________ they ________ baseball for three years? 그들은 3년 동안 야구를 해 왔니?
________ they ________ baseball for three years before they played basketball?
그들은 농구를 하기 전에 3년 동안 야구를 했었니?
________ they ________ baseball right now? 그들은 지금 야구를 하고 있니?
________ they ________ baseball when you came? 그들은 네가 왔을 때 야구를 하고 있었니?
________ they ________ baseball since 2010? 그들은 2010년 이후로 야구를 계속 하고 있니?
________ they ________ baseball for three years before they played basketball?
그들은 농구를 하기 전에 3년 동안 야구를 계속 하고 있었니?

2 제시된 단어들을 이용해서 보기와 같이 대화를 완성하세요.

> **보기** | A: What have you been doing? 너는 (계속) 무엇을 하고 있니?
> B: I have been working hard all day long. 나는 하루 종일 열심히 일하고 있어. work hard

1. A: What ______ your sister ______? 네 여동생은 (계속) 무엇을 하고 있니?
   B: She ______ all day long. 그녀는 하루 종일 피아노 레슨을 받고 있어. take a piano lesson
2. A: What ______ they ______? 그들은 (계속) 무엇을 하고 있니?
   B: They ______ all day long. 그들은 하루 종일 파티를 하고 있어. have a party
3. A: What ______ you ______? 너는 (계속) 무엇을 하고 있니?
   B: I ______ all day long. 나는 하루 종일 게임을 하고 있어. play games
4. A: What ______ Mary ______? 메리는 (계속) 무엇을 하고 있니?
   B: She ______ all day long. 메리는 하루 종일 그녀의 집 청소를 하고 있어. clean her house
5. A: What ______ Tim and Greg ______? 팀과 그렉은 (계속) 무엇을 하고 있니?
   B: They ______ all day long. 그들은 하루 종일 수잔을 기다리고 있어. wait for Susan

3 주어진 동사를 과거완료의 긍정문, 부정문, 긍정 의문문으로 만드세요.

1. leave ➡ Their plane had left when they got to the airport
   ➡ Their plane hadn't left when they got to the airport.
   ➡ Had their plane left when they got to the airport?
2. eat ➡ He ______ all the pizza when I went home.
   ➡ He ______ all the pizza when I went home.
   ➡ ______ he ______ all the pizza when I went home?
3. go ➡ Jane and I ______ to the movies before she went back to America.
   ➡ Jane and I ______ to the movies before she went back to America.
   ➡ ______ Jane and I ______ to the movies before she went back to America?
4. start ➡ The game ______ when I got to the stadium.
   ➡ The game ______ when I got to the stadium.
   ➡ ______ the game ______ when I got to the stadium?

해석 **1.** 그들이 도착했을 때 비행기가 떠났었다. / 그들이 도착했을 때 비행기가 떠나지 않았었다. / 그들이 도착했을 때 비행기가 떠났었니? **2.** 내가 집에 갔을 때 그는 모든 피자를 먹었었다. / 내가 집에 갔을 때 그는 모든 피자를 안 먹었었다. / 내가 집에 갔을 때 그는 모든 피자를 먹었었니? **3.** 제인과 나는 그녀가 미국으로 돌아가기 전에 영화를 보러 간 적이 있었다. / 제인과 나는 그녀가 미국으로 돌아가기 전에 영화를 보러 간 적이 없었다. / 제인과 나는 그녀가 미국으로 돌아가기 전에 영화를 보러 간 적이 있었니? **4.** 내가 경기장에 도착했을 때 그 게임은 시작했었다. / 내가 경기장에 도착했을 때 그 게임은 시작하지 않았었다. / 내가 경기장에 도착했을 때 그 게임은 시작했었니?

15 to부정사의 명사적 용법 — 주어, 목적어, 보어 역할을 하는 명사 따라쟁이

'부정사'란 '아닐 부(不)와 정해질 정(定)자'가 합쳐진 '의미가 정해지지 않은 말'이라는 뜻이야. 그만큼 많은 뜻으로 해석될 수 있어. 예를 들어 go는 '가다'라는 동사이지만, 'to go'는 가는, 갈, 간다면, 가니까, 가는 것, 가려고, 가기 위해, 가다 보니까 등 그때 그때 해석이 달라질 수 있다는 거지. to부정사의 형태는 'to + 동사원형'으로 명사, 형용사, 부사적 용법이 있어. 여기에서는 우선 문장 안에서 주어, 목적어, 보어 역할을 하는 명사적 용법에 대해 배울 거야.

밑줄 친 to부정사가 문장에서 어떤 역할을 하고 있는지 동그라미하세요.

1. To see is important. 보는 것은 중요하다. (주어, 보어, 목적어)
2. My dream is to see you. 내 꿈은 너를 보는 것이다. (주어, 보어, 목적어)
3. I want to see you. 나는 너를 보기를 원한다. (주어, 보어, 목적어)

1권에서 배웠지? 문장을 구성하는 5요소 '주목보수술'이 하는 역할~
1형식: 주어 + 술어
2형식: 주어 + 술어 + 보어
3형식: 주어 + 술어 + 목적어

정답 1. 주어 2. 보어 3. 목적어

to + 동사원형

to부정사의 명사적 용법 - 주어, 목적어, 보어 역할

to부정사의 명사적 용법은 to부정사가 문장 안에서 주어, 목적어, 보어의 역할을 하는 것으로, '하는 것, ~하기, ~하기를'로 해석돼. 부정사는 명사의 역할을 하지만 원래 동사 출신이라, 동사의 성질을 그대로 가지고 있어. 그래서 명사 역할을 하면서도 동사처럼 부사가 수식하기도 하고, 보어나 목적어가 필요할 수도 있어.

to부정사의 명사적 용법
- 해석: ~하는 것, ~하기
- 역할: 주어, 목적어, 보어

■ 주어(~하는 것은): to부정사가 문장의 맨 앞에서 주어 역할을 하는 것

'A is B' 구조인 2형식 문장 기억나지? It(S) is(V) important(C).

여기서 주어 역할을 to부정사에게 맡겨 볼까? 명사 집안 출신이 주어가 되므로, to부정사 중 명사적 용법을 먼저 알아보자. 'to + 동사원형' 뒤에 붙은 건 모두 액세서리일 뿐이야.

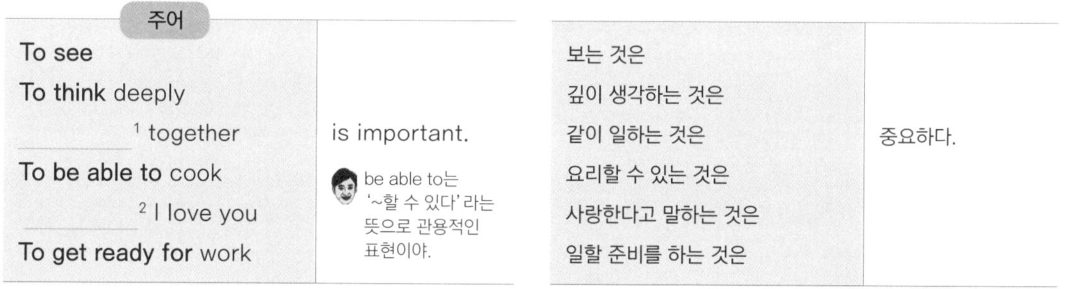

주어			
To see	is important.	보는 것은	중요하다.
To think deeply		깊이 생각하는 것은	
______ [1] together		같이 일하는 것은	
To be able to cook		요리할 수 있는 것은	
______ [2] I love you		사랑한다고 말하는 것은	
To get ready for work		일할 준비를 하는 것은	

be able to는 '~할 수 있다'라는 뜻으로 관용적인 표현이야.

정답 1 To work 2. To say

■ 목적어(~하는 것을): to부정사가 타동사의 목적어 역할을 하는 것

목적어도 'to + 동사원형'으로 쓸 수 있어. I want to know.(나는 알기를 원해.), I want to eat.(난 먹기를 원해.)처럼 want 같은 동사는 목적어로 to부정사가 와. to부정사를 목적어로 취하는 동사를 꼭 알아두자!

		목적어			
I	want	to dance.	나는	춤추기를	원한다.
	agree				동의한다.
	choose				선택한다.
	expect				기대한다.
	fail				실패한다.
	learn				배운다.
	plan				계획한다.
	wish				소원한다.
	need				필요로 한다.
	pretend				(춤추는) 척한다.

소화제 투입

'I want you.'처럼 대명사 you도 목적어로 오는데 무슨 이야기냐고? 동사가 목적어로 올 때 to부정사 형태로 온다는 말이야.

I want to dance.
I want dancing. (X)

이 밖에도 목적어로 to부정사가 오는 동사들: manage(간신히 해내다), would like(~하고 싶다, want의 공손한 표현), would love(정말 ~하고 싶다) , promise(약속하다), refuse(거절하다), mean(의도하다), aim(목표로 하다)

■ 보어(~하는 것): to부정사가 주어를 보충 설명해 주는 보어의 역할을 하는 것

'look up'은 위를 올려다보니까 look up to는 존경한다는 뜻.

		보어
Love	is	to say I am sorry. to respond. to look up to. to take care. to believe. to live.

사랑은	미안하다고 말하는 것 반응하는 것 존경하는 것 돌보는 것 믿는 것 사는 것	이다.

■ to부정사의 부정문: to부정사 앞에 not을 넣는다.

긍정문 I decided **to dance.** 나는 춤을 추기로 결정했다.

부정문 I decided **not to dance.** 나는 춤을 안 추기로 결정했다.

■ to부정사의 명사적 용법 정리하고 문장 완성하기

영어 나라의 8개 집안(명동형부감전대접) 아이들이 자라서 영어 문장 회사(주목보수술)에 취직하는 거 기억나지?

to부정사(to + 동사원형)의 명사적 용법: 주어, 목적어, 보어 역할			
1. 주어 역할 ~하는 것은	see + is important 보는 것은 중요하다.	➡	**To see** is important.
	think deeply + is important 깊이 생각하는 것은 중요하다.	➡	______
	say I love you + is important 사랑한다고 말하는 것은 중요하다.	➡	______
2. ( ) 역할 ~하는 것을	I want + dance 나는 춤추기를 원한다.	➡	I want **to dance.**
	I agree + dance 나는 춤추기를 동의한다.	➡	______
	I choose + dance 나는 춤추기를 선택한다.	➡	______
3. ( ) 역할 ~하는 것(이다)	Love is + say I am sorry 사랑은 미안하다고 말하는 것이다.	➡	Love is **to say** I am sorry.
	Love is + respond 사랑은 반응하는 것이다.	➡	______
	Love is + believe 사랑은 믿는 것이다.	➡	______

정답 1. To think deeply is important. To say I love you is important. 2. 목적어, I agree to dance. I choose to dance. 3. 보어, Love is to respond. Love is to believe.

1 두 개의 구를 연결해서 문장을 완성하고, to부정사가 어떤 역할을 하는지 고르세요.

1. She refused + dance with me ➡ She refused to dance with me.
   그녀는 나와 춤추는 것을 거절했다.
   (주어, 목적어, 보어)

2. think deeply + is a good habit ➡ ______
   깊이 생각하는 것은 좋은 습관이다.
   (주어, 목적어, 보어)

3. My wish is + say I love you ➡ ______
   내 소원은 너를 사랑한다고 말하는 것이다.
   (주어, 목적어, 보어)

4. I expect + go fishing ➡ ______
   나는 낚시하러 가기를 기대한다.
   (주어, 목적어, 보어)

5. work together + is necessary ➡ ______
   함께 일하는 것은 필요하다.
   (주어, 목적어, 보어)

영어로 해보기

2 제시된 동사를 문맥에 맞게 바꿔 쓰세요.

보기 | A: When did you learn to dance? 너는 언제 춤추는 것을 배웠니? dance
B: I started to dance when I was five and I plan to dance now and forever.
나는 다섯 살 때 춤을 추기 시작했고 앞으로도 춤을 출 계획이다.

1. A: When did she learn ______? 그녀는 언제 수영하는 것을 배웠니? swim
   B: She started ______ when she was five and she plans ______ now and forever.
   그녀는 다섯 살 때 수영하기 시작했고 앞으로도 수영할 계획이다.

2. A: When did he learn ______? 그는 언제 그림 그리기를 배웠니? draw
   B: He started ______ when he was five and he plans ______ now and forever.
   그는 다섯 살 때 그림 그리기 시작했고 앞으로도 그림을 그릴 계획이다.

3. A: When did Eric learn ______? 에릭은 언제 기타 연주하는 것을 배웠니? play the guitar
   B: He started ______ when he was five and he plans ______
   now and forever. 그는 다섯 살 때 기타를 연주하기 시작했고 앞으로도 기타를 연주할 계획이다.

4. A: When did you learn ______? 너는 언제 자전거 타는 것을 배웠니? ride a bike
   B: I started ______ when I was five and I plan ______ now and forever.
   나는 다섯 살 때 자전거를 타기 시작했고 앞으로도 자전거를 탈 계획이다.

소화제 투입

필수 단어 & 숙어 deeply 깊게 now and forever 앞으로도 draw 그림 그리다 ride a bike 자전거를 타다

우리말을 보고 영어 문장을 완성하세요.

본문에 나온 문장들을 외우고 넘어가자.

1. 보는 것은 중요하다. ➡ ________ ________ is important.
2. 깊이 생각하는 것은 중요하다. ➡ ________ ________ ________ is important.
3. 같이 일하는 것은 중요하다. ➡ ________ ________ ________ is important.
4. 요리할 수 있는 것은 중요하다. ➡ ________ ________ ________ ________ ________ is important.
5. 사랑한다고 말하는 것은 중요하다. ➡ ________ ________ ________ ________ ________ is important.
6. 일할 준비를 하는 것은 중요하다. ➡ ________ ________ ________ for work is important.
7. 사랑은 미안하다고 말하는 것이다. ➡ Love is ________ ________ ________ ________ ________.
8. 사랑은 반응하는 것이다. ➡ Love is ________ ________.
9. 사랑은 존경하는 것이다. ➡ Love is ________ ________ ________ ________.
10. 사랑은 돌보는 것이다. ➡ Love is ________ ________ ________.
11. 사랑은 믿는 것이다. ➡ Love is ________ ________.
12. 사랑은 사는 것이다. ➡ Love is ________ ________.

그림으로 기억하기

제시된 동사를 to부정사로 바꾸고, to부정사의 역할을 골라 동그라미하세요.

1.

My hobby is ________ sea shells. collect

(주어, 목적어, 보어) 역할

2.

________ is good for your health. walk

(주어, 목적어, 보어) 역할

16 to부정사의 형용사적 용법 1 — 형용사는 일편단심 명사바라기

to부정사의 형용사적 용법은 8품사(명동형부감전대접) 중 형용사와 역할이 똑같아. 형용사는 온몸 다 바쳐 명사만 빛나게 해주는 일을 하는데, to부정사가 형용사처럼 명사나 대명사 뒤에서 수식하는 경우를 말하는 거야. to부정사가 형용사적 용법으로 쓰일 때 우리말로는 대개 '~할, ~한(하는)'으로 해석돼.

hot water 뜨거운 물
형용사 명사
water to drink. 마실 물
형용사 명사
to부정사가 명사를 꾸미는 형용사 역할을 하는 거야.

to부정사가 수식하는 단어를 찾아 쓰세요.

1. Bring me some water **to drink**. 나에게 마실 물을 가져다 줘. ________
2. Give me some money **to spend**. 나에게 쓸 돈 좀 줘. ________
3. Set me up with a man **to marry**. 나에게 결혼할 남자를 소개해 줘. ________

정답 1. water 2. money 3. man

to부정사의 형용사적 용법(~할, ~한) - 오직 명사 가문의 영광을 위해!

'뜨거운 물, 씻을 물, 마실 물'에서 '뜨거운, 씻을, 마실'처럼 명사인 '물'을 꾸며 주는 '~할, ~한'이 바로 형용사야. to부정사를 이용해 동사를 형용사처럼 쓰는 방법을 알아보자.

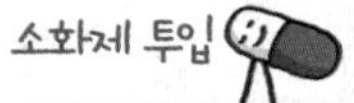

to부정사의 형용사적 용법
- 해석: ~할, ~한
- 역할: 명사, 대명사 수식

■ 명사 뒤에서 명사를 꾸며 주는 형용사 역할을 해.

I have some money **to spend**. 나는 쓸 돈을 가지고 있다.

I want some water **to drink**. 나는 마실 물을 원한다.

I need some work **to do**. 나는 할 일이 필요하다.

You need some free time **to enjoy** yourself. 너는 즐겁게 보낼 자유 시간이 필요하다.

She has kids **to take care of**. 그녀는 돌볼 아이들이 있다.
(child는 '어린이'처럼 격식을 차린 느낌. kid는 '애'처럼 일상적인 느낌.)

They require some energy **to finish** the project. 그들은 그 프로젝트를 마칠 에너지가 필요하다.
('필요로 하다'라는 뜻으로, need와 비슷한 말.)

spend는 동사지만, to spend는 형용사처럼 쓰여. 그리고 보통 형용사는 앞에서 뒤를 꾸미지만, to부정사는 뒤에서 앞을 꾸며.

■ 전치사가 to부정사 뒤에 붙는 경우도 형용사 역할을 해.

to부정사의 수식을 받는 명사가 전치사와 연결되는 경우를 말해. 예를 들어 우리가 생각할 때는 "난 쓸 펜이 필요해."라고 말하고 싶으면 'I need a pen to write."이라고만 해도 될 것 같잖아. 하지만 영어는 우리말과 달리, 아주 정확하게 표현하는 것들이 있는데 그 중에 하나가 전치사야. 그래서 '쓸 펜'이라고 할 때 뒤에 with를 붙여서 "I need a pen to write with."라고 해. 왜냐하면 우리가 뭔가를 필기할 때 펜을 쓰는 게 아니라 펜을 가지고(with a pen) 쓰는 것이기 때문에 영어는 꼭 with를 써 줘야 해.

I need a pen **to write** with. 나는 (가지고) 쓸 펜이 필요하다.

Do you need some paper **to write** on? 너는 (그 위에) 쓸 종이가 필요하니?

They want more topics **to talk** about. 그들은 (그것에 대해서) 말할 주제를 더 원한다.

We have two kids **to take care** of. 우리는 돌볼 아이들이 두 명 있다.

I have no one **to turn** to. 나는 의지할 사람이 아무도 없다.

Sam has a problem **to brood** on. 샘은 곰곰이 생각할 문제가 있다.

수식을 받는 대상에 어떤 동작을 가하느냐에 따라 써야 할 전치사가 달라져. 이 부분은 시험에 꼭 나오지만, 50명 중 45명이 틀리는 문제야. 이런 문형은 우리말엔 없는 거라서, 문장을 반드시 외워 둬야 해. 그래야 회화나 영작에서 실수하지 않아.

■ -one, -body, -thing으로 끝나는 대명사 뒤에 형용사가 오면 to부정사는 형용사 뒤에 붙어.

I want somebody reliable **to trust**. 나는 믿을 수 있는 신뢰할 만한 누군가를 원한다.
(to부정사는 형용사 뒤에 오기도 해!)

Do you need something light **to carry** around with? 너는 갖고 돌아다닐 가벼운 뭔가가 필요하니?

Is there anyone tall **to play** basketball? 농구 할 만한 키 큰 누구 있니?

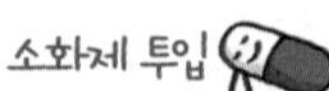

필수 단어 & 숙어 enjoy oneself 즐기다 take care of 돌보다 turn to 의지하다 brood on 심사숙고하다 cf) brood (알을) 품다 (알을 품듯) 곰곰이 생각하다 reliable 신뢰할 만한 trust 신뢰하다 light 가벼운 carry around 갖고 돌아다니다

■ to부정사의 형용사적 용법의 관용적 표현: ~할 시간이다

『It's (about) time to + 동사원형』은 '~할 시간이다'라는 뜻으로 to부정사가 time을 꾸며 주는 형용사적 용법이야. 여기서 about은 보통 생략해.

Is it (about) time to go to bed? 자야 할 시간이니?

Is it (about) time for us to hit the road? 우리가 출발할 시간이니?
'출발하다'라는 뜻.

> 소화제 투입
>
> **to부정사의 의미상의 주어**
> 문장 전체의 주어 외에 to부정사의 직접적인 주어가 되는 말은 for us 처럼 'for + 목적격 대명사'의 형태로 to부정사 앞에 쓴다.

■ to부정사의 형용사적 용법 정리하고 문장 완성하기

1. 명사 뒤에서 꾸며 주는 형용사 역할

You have some money ______.	너는 쓸 돈을 가지고 있다.
She wants some water ______.	그녀는 마실 물이 필요하다.
He needs some work ______.	그는 할 일이 필요하다.
We need some free time ______.	우리는 즐길 자유 시간이 필요하다.

2. 전치사가 to부정사 뒤에 붙는 경우

I need a pen to write ______.	나는 (가지고) 쓸 펜이 필요하다.
Do you need some paper to write ______?	너는 (그 위에) 쓸 종이가 필요하니?
They want more topics to talk ______.	그들은 (그것에 대해서) 말할 주제를 더 원한다.
We have two kids to take care ______.	우리는 돌볼 아이들이 두 명 있다.
I have no one to turn ______.	나는 의지할 사람이 아무도 없다.
Sam has a problem to brood ______.	샘은 곰곰이 생각할 문제가 있다.

3. -one, -body, -thing으로 끝나는 대명사 뒤에 형용사가 오는 경우

I want somebody reliable ______.	나는 믿을 수 있는 신뢰할 만한 누군가를 원한다.
Do you need something light ______ around with?	너는 갖고 돌아다닐 가벼운 뭔가가 필요하니?
Is there anyone tall ______ basketball?	농구 할 만한 키 큰 누구 있니?

4. to부정사의 형용사적 용법의 관용적 표현

______ to bed?	자야 할 시간이니? (의미상 주어 we를 생략할 때)
Is it (about) time for us to hit the road?	우리가 출발할 시간이니? (의미상 주어 we를 써 줄 때)

정답 1. to spend, to drink, to do, to enjoy 2. with, on, about, of, to, on 3. to trust, to carry, to play 4. Is it (about) time to go

다음 문장에서 to부정사의 형용사적인 용법을 써야 할 곳과 수식을 받는 명사를 쓰세요.

	형용사적 용법	명사
1. 너는 나와 얘기할 시간이 좀 있니?	(얘기할)	(시간)
2. 나는 너에게 물어볼 것이 좀 있어.	( )	( )
3. 미안하지만 나는 오늘 할 일이 정말 많아.	( )	( )

1 to부정사를 이용해서 보기와 같이 문장을 완성하세요.

보기 | I want something to eat. 나는 먹을 것을 원한다. eat

1. I have something ________ to you. 나는 너한테 할 말이 있다. say
2. She needs someone ________. 그녀는 신뢰할 누군가가 필요하다. trust
3. Do you want a lot of paper ________ on. 너는 (그 위에) 쓸 종이를 많이 원하니? write
4. They need more time ________ their homework. 그들은 숙제를 끝낼 더 많은 시간이 필요하다. finish
5. There is something funny ________ about. 얘기할 재미있는 것이 있다. talk
6. It's time ________ goodbye. 작별 인사를 해야 할 시간이다. say

영어로 해보기

2 우리말과 같은 뜻이 되도록 주어진 단어들을 바르게 배열하세요.

1. 읽을 책이 있니? read / any book / to

   ➡ Is there ________________?

2. 메리는 나에게 빌려줄 돈이 좀 있다. some money / me / lend / to

   ➡ Mary has ________________.

3. 그는 생각할 문제가 있니? to / a problem / brood on

   ➡ Does he have ________________?

4. 그들은 (함께) 놀 친구들을 찾는다. play with / friends / to

   ➡ They look for ________________.

5. 나는 믿을 수 있는 신뢰할 만한 사람이 필요하다. trust / to / someone / reliable

   ➡ I need ________________.

some과 any의 쓰임을 알아보자.
some: 긍정문, 긍정의 대답을 기대하는 권유 의문문
any: 부정문, 의문문

소화제 투입 필수 단어 lend (돈을) 빌려주다 reliable 믿을 만한 someone 누군가 ↔ no one 아무도

우리말을 보고 영어 문장을 완성하세요.

1. 나는 쓸 돈이 있다. ➡ I have some ________ ________ ________.
2. 나는 마실 물을 원한다. ➡ ________ ________ some ________ ________ ________.
3. 나는 할 일이 필요하다. ➡ ________ ________ some ________ ________ ________.
4. 너는 즐겁게 보낼 자유 시간이 필요하다.
   ➡ ________ ________ some free time ________ ________ yourself.
5. 그녀는 돌볼 아이들이 있다. ➡ She has ________ ________ ________ ________ ________.
6. 그들은 프로젝트를 마칠 에너지가 필요하다.
   ➡ They require some ________ ________ ________ ________ ________.
7. 나는 (가지고) 쓸 펜이 좀 필요하다.
   ➡ ________ ________ a ________ ________ ________ ________.
8. 너는 (그 위에) 쓸 종이가 필요하니?
   ➡ Do you ________ some ________ ________ ________ ________?
9. 그들은 (그것에 대해서) 말할 주제를 더 원한다.
   ➡ ________ ________ more ________ ________ ________ ________.
10. 우리는 돌볼 아이가 두 명 있다.
   ➡ ________ ________ two kids ________ ________ ________ ________.
11. 나는 의지할 사람이 아무도 없다. ➡ ________ ________ no one ________ ________ ________.
12. 샘은 곰곰이 생각할 문제가 있다. ➡ ________ ________ a ________ ________ ________ ________.

아래는 명사 공주의 하루 일과예요. 시계를 보고 공주가 해야 할 일을 쓰세요.

1. 7:30 a.m. ➡ It's time ____to get up____.
2. 9:00 a.m. ➡ It's time ________________.
3. 4:00 p.m. ➡ It's time ________________.
4. 6:00 p.m. ➡ It's time ________________.
5. 10:00 p.m. ➡ It's time ________________.

17 to부정사의 형용사적 용법 2 — be to 용법, 그것이 알고 싶다!

예정
You are to go to Seoul.
넌 서울로 갈 예정이다.

가능
꽥 꽥
You are not to be picked up by agencies.
넌 기획사에게 선발될 가능성이 없어.

운명
But you are to encounter the love of your life.
하지만 평생 사랑할 여자를 만날 운명이지.

의무
You are not to disappoint her.
넌 그녀를 실망시켜선 안 돼.

의도
If you are to make her yours, you should hold onto her.
그녀를 가지려면, 그녀에게 매달려야 해.

be to 용법이라고 들어는 봤나? to부정사의 be to 용법은 "I am to go.(나는 갈 예정이다.)"처럼 be동사 뒤에 to부정사가 오는 거야. 원래 be동사 뒤에는 "I am pretty."처럼 형용사가 오는데, 형용사가 들어갈 자리에 to부정사가 들어갔으니 형용사적 용법으로 쳐 주는 거지. 이때, 'be + to부정사'는 예정, 가능, 운명, 의무(명령), 의도(의지)'를 나타내. 여기서 'be + to부정사'의 5가지 용법 모두 공통적으로 '~하도록 돼 있다'로 해석돼!

to부정사의 be to 용법 문장을 완성하세요.

1. You are ________ go to Seoul. 너는 서울로 갈 예정이다.
2. You are ________ ________ disappoint her. 너는 그녀를 실망시켜선 안 돼.
3. You are ________ encounter the love of your life. 너는 평생 사랑하는 여자를 만날 거야.

정답 1. to 2. not to 3. to

to부정사의 be to 용법 - 모습은 달라도 DNA는 하나! "~하도록 돼 있다"

be동사 뒤에 to부정사가 와서 형용사처럼 쓰이는 것을 'be to 용법'이라고 하는데, 이때 to부정사는 '예정, 가능, 운명, 의무(명령), 의도(의지)' 등으로 해석돼. 그런데 매번 5가지로 해석해 보려면 머리에 쥐 나겠지? 그래서 문쌤이 알려주는 꿀팁! 모든 be to용법에 공통으로 적용되는 뜻이 있는데, 바로 '~하도록 돼 있다'라는 거야. 이렇게 해석되면 바로 to부정사의 형용사적 용법이라는 말씀!

be to 용법 평생 기억하기
'be + to부정사'는 알고 보면 모두 하나로 해석돼!
'(원래) ~하도록 돼 있다!'

■ **be to 용법**: 'be + to부정사'는 예정, 가능, 운명, 의무, 의도를 나타내.
정말, 5가지 용법 모두 '~하도록 돼 있다'로 해석되는지 확인해 보자.

1. 예정: We **are to** have a meeting at 5 p.m. tomorrow.
   우리는 내일 5시에 회의를 할 예정이다. (= 회의를 하게 돼 있다.)
2. 가능: The lost son **was** not **to** be found. — to부정사의 부정은 to 앞에 not!
   그 잃어버린 아들은 발견될 수 없었다. (= 발견되지 못하게 돼 있었다.)
3. 운명: The dog **was to** encounter its owner 1 year later. (encounter: 조우하다: meet의 유식한 말.)
   그 개는 1년 후에 주인과 만나게 될 운명이었다. (= 만나게 돼 있었다.)
4. 의무(명령): You **are** not **to** run in the classroom.
   너는 교실에서 뛰면 안 된다. (= 뛰면 안 되게 돼 있다.)
5. 의도(의지): If you **are to** make a fortune, you must risk what you have now.
   너는 큰 돈을 벌려면 (= 큰 돈을 벌게 돼 있다면), 네가 지금 갖고 있는 것을 희생해야 한다(위태롭게 해야 한다).

소화제 투입

find는 '찾는다', be found는 '발견되다'. 'be + p.p.'는 나중에 배울 텐데, 수동태라는 거야. 어떤 행동을 능동적으로 하는 게 아니라 행동을 당할 때 쓰는 표현이지.
I love you. (능동태)
→ You are loved by me. (수동태)
너는 나에게 사랑받는다.

■ **이야기로 기억하는 be to 용법**: 납치범이 아이를 데리고 무인도로 가는데…

1. 예정: They **were to** have a meeting over a lost child. (over: '~에 대해서'라는 뜻.)
   그들은 잃어버린 아이에 대한 회의를 할 예정이었다. (= 회의를 하게 돼 있었다.)
2. 가능: The lost child **was** not **to** be found for a while. (for a while: '당분간'이라는 뜻.)
   그 잃어버린 아이는 당분간 발견될 수 없었다. (= 발견되지 못하게 돼 있었다.)
3. 운명: Actually the child **was to** meet his parents 1 year later.
   사실 그 아이는 1년 뒤에 부모님과 만날 운명이었다. (= 만나게 돼 있었다.)
4. 의무(명령): He **was** not **to** leave the island in which he was held. (which: '관계대명사'인데, 쉽게 그냥 '거기에서'라고 해석하면 돼.)
   그는 그가 잡혀 있는 섬을 떠나면 안 됐다. (= 떠나지 못하게 돼 있었다.)
5. 의도(의지): If they **were to** find the lost kid, they had to report it to the police.
   그들이 그 잃어버린 아이를 찾으려면 (= 찾게 되려면), 경찰에 그것을 신고했어야 했다.

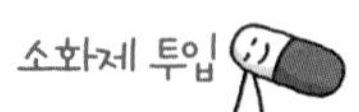

필수 단어 & 숙어 **have a meeting** 회의하다 **owner** 주인, 소유주 **make a fortune** 큰 돈을 벌다 **risk** ~을 위태롭게 하다 **report** 신고하다

중요 문법
- over: 여기서 over는 about과 비슷한 뜻으로 '~에 대해서'라고 해석하면 돼.
- lost: '잃어버린'이라는 뜻으로 lose의 과거분사인데 이렇게 형용사처럼 명사 앞에서 수식해 줄 수 있어. 여기선 lost가 child를 꾸며 주고 있는 거야.

■ be to 용법 표로 정리하고 문장 완성하기

공통적인 뜻: ~하도록 돼 있다

be to 용법: 예정, 가능, 운명, 의무, 의도	
1. 예정 ~할 예정이다	He is ______ go to Seoul. 그는 서울로 갈 예정이다. They ______ to have a meeting. 그들은 회의를 할 예정이었다(회의를 하게 돼 있었다).
2. ( ) ~할 수 있다	The son ______ not ______ be found. 그 아들은 발견될 수 없었다(발견될 수 없게 돼 있었다). The child ______________ be found for a while. 그 아이는 당분간 발견될 수 없었다(발견될 수 없게 돼 있었다).
3. ( ) ~할 운명이다	The dog ______ encounter its owner. 그 개는 주인과 만나게 될 운명이었다(만나게 돼 있었다). Actually the child ______ meet his parents 1 year later. 사실 그 아이는 1년 뒤에 부모님과 만날 운명이었다(만나게 돼 있었다).
4. ( ) ~해야 한다	You ______ not ______ run in the classroom. 너는 교실에서 뛰면 안 된다(안 되게 돼 있다). He was ______ to leave the island. 그는 그 섬을 떠나면 안 됐다(안 되게 돼 있었다).
5.( ) ~하려면	If you ______ make a fortune, you must risk what you have. 너는 큰 돈을 벌려면(벌게 되려면), 네가 갖고 있는 것을 희생해야 한다. If they ______ find the lost kid, they had to report it to the police. 그들이 그 잃어버린 아이를 찾으려면(찾게 되려면), 경찰에 그것을 신고했어야 했다.

정답 1. to, were 2. 가능, was, to, was not to 3. 운명, was to, was to 4. 의무(명령), are, to, not 5. 의도(의지), are to, were to

밑줄 친 부분을 영작할 때 해당하는 be to 용법을 쓰고 be동사를 고르세요.

1. 수지와 민호는 다시는 **못 만날 운명이었어.** (운명) (is, was, are, were) not to encounter
2. 너는 시험 볼 때 **커닝하면 안 돼.** (   ) (is, was, are, were) not to cheat
3. 우리는 오늘 저녁에 가족 회의를 **할 예정이야.** (   ) (is, was, are, were) to have
4. 너는 돈을 **찾으려면** 경찰에 신고해야 해. (   ) (is, was, are, were) to find
5. 그 열쇠는 다시 **발견될 수 없었어.** (   ) (is, was, are, were) not to be found
6. 그들은 내일 소풍을 **갈 예정이야.** (   ) (is, was, are, were) to go

소화제 투입

be to 용법은 to부정사의 형용사적 용법으로 5가지로 해석될 수 있어. 예정, 가능, 운명, 의무, 의도!

1 제시된 동사를 이용해서 빈칸에 알맞은 to부정사를 쓰세요.

1. The key was not ______________ again. 그 열쇠는 다시 발견될 수 없었다. find
2. We are ______________ a family meeting this evening. 우리는 오늘 저녁에 가족 회의를 할 예정이다. have
3. You are not ______________ on the phone during class. 너는 수업 시간에 통화하면 안 된다. call
4. He was ______________ his parents in 20 years. 그는 20년 후에 부모님을 만날 운명이었다. meet
5. If you are ______________ your weight, you have to try hard. 너는 살 빼려면, 열심히 노력해야 한다. lose

영어로
해보기

2 제시된 be to 용법을 참고하여 문장을 해석하세요.

1. We are to eat out this evening. 예정 ('외식하다'라는 뜻.)
   ➡ 오늘 저녁에 우리는 외식할 예정이다.
2. The cat was never to encounter its owner. 운명
   ➡ 그 고양이는
3. My lost necklace was not to be found. 가능
   ➡ 나의 잃어버린 목걸이는
4. You are to cheat on your examinations. 의무
   ➡ 너는
5. If you are to make a fortune, take your courage. 의도
   ➡ 만약 네가
6. They are to have a meeting over the problem. 예정
   ➡ 그들은
7. If you are to succeed in anything, you must risk what you have. 의도
   ➡ 만약 네가
8. The president is to make a speech tomorrow. 예정
   ➡ 그 대통령은
9. No one is to be seen in the park. 가능
   ➡ 어떤 사람도
10. The girl was to meet her sister 15 years later. 운명
    ➡ 그 소녀는

소화제 투입

필수 단어 & 숙어
cheat on examinations 시험에서 커닝하다 take one's courage 용기 내다 make a speech 연설하다

우리말을 보고 be to 용법의 영어 문장을 완성하세요.

1. 우리는 내일 5시에 회의를 할 예정이다(미팅을 하기로 되어 있다).
   ➡ We ______ ______ ______ a meeting at 5 p.m. tomorrow.

2. 그 잃어버린 아들은 발견될 수 없었다(발견되지 못할 운명이었다).
   ➡ The lost son ______ ______ ______ be found.

3. 그 개는 1년 후에 주인과 만나게 될 운명이었다.
   ➡ The dog ______ ______ encounter its owner 1 year later.

4. 너는 교실에서 뛰면 안 된다.
   ➡ You ______ ______ ______ ______ in the classroom.

5. 너는 큰 돈을 벌려면, 네가 지금 갖고 있는 것을 희생해야 한다(잃을 각오를 해야 한다).
   ➡ If you ______ ______ ______ a fortune, you must risk what you have now.

그림으로 기억하기 우리말을 보고 말풍선에 알맞은 be to 용법을 쓰세요.

18 to부정사의 부사적 용법 1 — 수식을 위한, 수식에 의한, 수식의 부정사!

그림으로 대화를 외우면 5가지 용법이 머리에 들어와! 일단 해석해 보자!

go out with: ~와 데이트하다

to부정사의 마지막은 부사적 용법이야. 명사적 용법(~하기, 하는 것)과 형용사적 용법(~할, ~한)에 이어 부사적 용법을 알아보자. 원래 부사는 동사, 형용사나 다른 부사를 수식하지. to부정사의 부사적 용법도 마찬가지야. to부정사가 문장에서 부사처럼 수식어의 역할을 하지. 지금부터 얼마나 다양하게 해석되는지 살펴볼까?

밑줄 친 부사구에 유의하면서 알맞은 해석과 연결하세요.

1. I came here to meet you. •
2. I am so happy to see you. •
3. I am handsome enough to go out with you. •
4. You must be crazy to talk like that! •
5. He lived to be ninety alone. •

- • A. 그렇게 말하는 것을 보니, 너는 미친 게 틀림없다!
- • B. 그는 (결국) 90세까지 혼자인 상태로 살았다.
- • C. 나는 너와 (함께) 데이트하기에 충분히 잘생겼다.
- • D. 나는 너를 보게 돼서 너무 행복하다.
- • E. 나는 너를 만나기 위해 여기 왔다.

정답 1. E 2. D 3. C 4. A 5. B

to부정사의 부사적 용법 - 문장 회사의 알바생인 수식어 역할

to부정사의 부사적 용법은 동사, 형용사, 부사 중 하나를 수식하는 거야. 부사는 원래 문장의 필수 요소가 다 있는 상태에서 알바생처럼 수식하는 거라고 했지?

I came here **to meet** you. 너를 만나기 위해 여기에 왔다. ← '너를 만나기 위해'라는 말은 수식어.

I came here. '주어 + 동사 + 보어'로 이루어진 완벽한 2형식 문장.

부사구는 문장에서 있어도 되고 없어도 되는 수식어구야. 문장에 동사 'came'이 있는데 'meet'이라는 동사를 한 번 더 쓰려면 meet에 to를 붙여서 to부정사로 만들어야 돼. 그래서 'to meet 만나기 위해'라는 부사구가 되는 거지. came이란 동사를 수식하는 부사적 용법인 거야.

■ **to부정사가 부사처럼 쓰일 때**: 어디를 수식하는지 살펴보자.

1. **목적**: to부정사가 동사를 수식할 때는 '~하기 위해', '~하려고'의 뜻으로 주로 해석돼.

I waved my hands **to get** his attention. 나는 그의 주목을 받기 위해 내 손들을 흔들었다.

= I waved my hands **in order to(= so as to)** get his attention.

~목적으로: to부정사보다 격식을 차린 표현으로 목적으로만 해석이 돼.

= I waved my hands **so that I could** get his attention.

『so that + 주어 + can~』: '~할 수 있도록'의 뜻으로 that 다음에는 주어가 나오고 동사는 시제에 맞춰서 can이나 could를 쓰면 돼.

2. **(감정의) 원인**: to부정사가 형용사를 수식할 때도 있어. 이때는 '~하니', '~하게 돼서'의 뜻이 돼. 예를 들어 I am happy.라는 2형식 문장에 to see를 붙여 I am happy to see.가 되면 '너를 보게 돼서 행복해.'라는 뜻이 되잖아. 행복한 감정의 원인을 알려주는 거지.

I am honored **to meet** you. 당신을 만나서 영광이다.

'to meet you'의 you는 meet의 목적어. to부정사로 부사가 되었지만 동사 성질은 남아 있어서 목적어를 가질 수 있는 거야.

I am pleased **to meet** you. 너를 만나서 기쁘다.

please는 기쁘게 하다, be pleased는 기쁘다(기쁘게 함을 당하다).

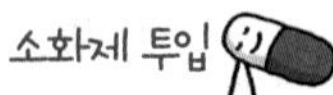

필수 단어 & 숙어 get(attract, catch) one's attention ~의 주목을 받다

감정을 나타내는 형용사

감정을 나타내는 형용사에는 pleased(기쁜), happy(행복한), excited(흥분한), delighted(즐거운), glad(반가운), surprised(놀라운), sorry(유감인), afraid(두려운), sad(슬픈). disappointed(실망한), honored(영광으로 생각하는) 등이 있어. 이러한 감정을 나타내는 형용사가 to부정사 앞에 나오면 to부정사는 그 감정의 원인을 나타내. 여기서 delighted는 pleased보다 격식 있는 말이며 glad는 반갑고 다행이라 기쁠 때 쓰는 말이야.

3. **정도**: '~하기에는 (너무, 충분히) …한'의 뜻으로, 부사 enough나 too 등을 수식해.

『형용사 + enough to + 동사원형』은 '~할 만큼 충분히 …한'이라는 뜻으로, 『so + 형용사 + that + 주어 + can』으로 바꿔 쓸 수 있어.

She is rich **enough to buy** a house. 그녀는 집을 살 만큼 충분히 부자이다.

시험에 나오는 중요한 구문이야.

= She is **so** rich **that she can** buy a house. 그녀는 아주 부자여서 집을 살 수 있다.

This book is easy **enough for me to understand.** 이 책은 내가 이해할 수 있을 만큼 충분히 쉽다.
easy enough 쓰는 순서에 주의! 시험에 자주 나와.
= This book is **so** easy **that I can** understand it. 이 책은 아주 쉬워서 내가 그것을 이해할 수 있다.

『too + 형용사 + to 부정사』는 '너무 ~해서 …할 수 없는'이라는 뜻으로
『so + 형용사 + that + 주어 + can't』로 바꿔 쓸 수 있어.

This book is **too** hard **for me to understand.**
이 책은 너무 어려워서 내가 이해할 수 없다.

= This book is **so** hard **that I can't** understand it.
이 책은 너무 어려워서 내가 그것을 이해할 수 없다.

소화제 투입

enough to와 too ~ to 구문에서 문장 전체의 주어와 to부정사의 주어가 다를 경우, to부정사의 의미상 주어는 'for + 목적격 대명사'의 형태로 to부정사 앞에 붙여.

4. **판단**: '~하는 것을 보니', '~하다니'의 뜻으로 술어를 수식해.

You must be an idiot **to talk** like that. 그렇게 말하는 것을 보니 너는 바보임이 틀림없다.

live처럼 동사가 의도된 행동이 아닐 때, 주로 결과로 해석돼. 우리말로 '결국 어떻게 되었다'는 식으로 해석하면 이해하기 쉬워.

5. **결과**: '~해서 (그 결과로) ~하다'의 뜻으로 동사에 대한 결과를 말해.

John grew up **to be** a movie star. 존은 자라서 영화 배우가 됐다.

He lived **to be** ninety. 그는 (결국) 90세까지 살았다.

■ to부정사의 부사적 용법 표로 정리하고 문장 완성하기

to 부정사의 부사적 용법: 동사, 형용사, 부사를 수식	
1. 목적 ~하기 위해, ~하려고	I waved my hands to get his attention. 나는 그의 주목을 받기 위해 내 손들을 흔들었다. I came here ________ you. 나는 너를 만나기 위해 여기 왔다.
2. ( ) ~하니, ~하게 돼서	I am honored to meet you. 당신을 만나서 영광이다. I am ________ meet you. 너를 만나서 슬프다.
3. ( ) ~하기에는 (너무, 충분히) …한	She is rich ________ to buy a house. 그녀는 집을 살 만큼 충분히 부자이다. This book is ________ hard for me ________ understand. 이 책은 너무 어려워서 내가 이해할 수 없다.
4. ( ) ~하는 것을 보니, ~하다니	You ________ an idiot to talk like that. 그렇게 말하는 것을 보니 너는 바보임이 틀림없다. You must be crazy ________ like that. 그렇게 말하는 것을 보니 너는 미친 것이 틀림없다.
5. ( ) ~해서 ~하다	He grew up ________ a movie star. 그는 자라서 영화 배우가 됐다. She lived ________ sixty. 그녀는 60세까지 살았다.

정답 1. to get, to meet 2. 원인, sad to 3. 정도, enough, too, to 4. 판단, must be, to talk 5. 결과, to be, to be

1 보기에서 알맞은 동사를 골라 문맥에 맞게 to부정사로 바꿔 쓰고, 해석을 완성하세요.

보기 | be talk study buy see

1. He saved his money ______________ a new smartphone.

   ➡ 그는 새 스마트폰을 (사기 위해) 저축을 했다. 목적

2. I am very happy ______________ you here.

   ➡ 나는 너를 여기서 ( ) 너무 행복하다. 원인

3. We will visit the museum ______________ Korean history.

   ➡ 우리는 한국 역사를 ( ) 그 박물관을 방문할 예정이다. 목적

4. Jane grew up ______________ a movie star.

   ➡ 제인은 자라서 영화 배우가 ( ). 결과

5. John must be an idiot ______________ like that.

   ➡ 그렇게 ( ) 존은 바보임이 틀림없다. 판단

영어로 해보기

2 우리말과 같은 뜻이 되도록 주어진 단어들을 바르게 배열하세요.

정도를 나타내는 enough to와 too~ to 구문은 시험에 자주 나오니, 잘 익혀 두자!

1. 그녀는 그 무거운 짐을 옮길 만큼 충분히 힘이 세다. (enough / carry / to / strong)

   ➡ She is ______________________________ the heavy baggage.

2. 짐은 너무 긴장해서 무엇을 먹을 수 없었다. (to / nervous / too / eat)

   ➡ Jim was ______________________________ something.

3. 이 물은 우리가 마실 만큼 깨끗하고 신선하다. (drink / for / fresh / us / enough / to)

   ➡ This water is clean and ______________________________.

4. 이 문제는 너무 어려워서 내가 풀 수 없었다. (for / solve / to / too / me / difficult)

   ➡ This problem was ______________________________.

소화제 투입

필수 단어 **baggage** 짐 **nervous** 긴장한 **fresh** 신선한 **solve** 풀다

Memorization **우리말을 보고 영어 문장을 완성하세요.**

1. 나는 그의 주목을 받기 위해 손들을 흔들었다.

➡ I ________ my hands ________ ________ his attention.

2. 나는 그의 주목을 받을 목적으로(in order to) 손들을 흔들었다.

➡ I ________ my hands ________ ________ ________ ________ his attention.

3. 나는 그의 주목을 받을 수 있도록(so that~) 손들을 흔들었다.

➡ I ________ my hands ________ ________ I ________ ________ his attention.

4. 만나서 영광입니다. ➡ I'm ho________ to meet you.

5. 만나서 기쁩니다. ➡ I'm pl________ ________ meet you.

6. 만나서 행복합니다. ➡ I'm ha________ ________ ________ you.

7. 만나서 흥분됩니다. ➡ I'm ex________ ________ ________ you.

8. 만나서 즐겁습니다. ➡ I'm de________ ________ ________ you.

9. 만나서 반갑습니다. ➡ I'm gl________ ________ ________ you.

10. 만나서 놀랍습니다. ➡ I'm su________ ________ ________ you.

11. 만나서 유감입니다. ➡ I'm so________ ________ ________ you.

12. 만나서 두렵습니다. ➡ I'm af________ ________ ________ you.

13. 만나서 슬픕니다. ➡ I'm sa________ ________ ________ you.

14. 만나서 실망스럽습니다. ➡ I'm di________ ________ ________ you.

15. 이 책은 너무 어려워서 이해할 수 없다. (too ~ to)

➡ This book ________ ________ ________ ________ ________.

16. 이 책은 이해할 수 있을 만큼 충분히 쉽다. (enough to~)

➡ This book ________ ________ ________ ________ ________.

17. 이 책은 너무 어려워서 내가 그것을 이해할 수 없다. (so ~ that ~ can't)

➡ This book ________ ________ ________ ________ I ________ ________ it.

18. 이 책은 아주 쉬워서 내가 그것을 이해할 수 있다. (so ~ that ~ can)

➡ This book ________ ________ ________ ________ I ________ ________ it.

19 to부정사의 부사적 용법 2 — 동사와 형용사에 충성!

to부정사의 부사적 용법은 목적, 원인, 정도, 결과, 판단 등으로 나누어진다고 했지? 그런데 용어가 낯설어서 그렇지, to부정사의 부사적 용법은 사실 다 형용사, 부사, 동사 중에 하나를 수식하는 거잖아. 이번 과에서는 결과(~해서 ~하다)와 판단의 근거(~하는 것을 보니, ~하다니)를 나타내는 부사적 용법을 연습할 건데 해석하는 방법이 좀 독특하니까 잘 익혀야 해.

문장이 자연스럽게 해석된 것을 고르세요.

1. You must be my son to talk like that. (   )
   ① 너는 그렇게 말하기 위해 나의 아들이어야 한다. ② 그렇게 말하는 것을 보니, 너는 나의 아들임에 틀림없다.

2. I grew up to be Superman. (   )
   ① 나는 자라서 슈퍼맨이 됐다. ② 나는 슈퍼맨이 되기 위해 자랐다.

정답 1. ② 2. ①

to부정사의 부사적 용법 - 옆길로 가나 바로 가나 결국 다 동사로 간다!

■ to부정사의 부사적 용법

1. 결과: ~해서 ~하다 (동사에 대한 결과적 수식)

부사적 용법 중에서 제일 튀는 게 바로 '결과'인데, 다른 to부정사와 해석하는 순서가 반대야. 다른 to부정사들은 to부정사 먼저 해석하고 나중에 동사를 해석하는데, '결과'는 일단 동사부터 해석하고 나중에 부정사를 해석하기 때문에 처음엔 당황스러울 거야. 하지만 해석하는 순서만 달라졌을 뿐이지, 동사를 수식하는 부사적 역할을 한다는 것은 다르지 않아. 결과적 용법에 자주 쓰이는 단어들이 있는데, 바로 lived, grew up, woke up, only to야. '~해서 ~하게 됐다'라고 해석되고 과거로 많이 쓰여. 아래 4가지 표현은 꼭 외워야 해!

John **grew up to be** a movie star. 존은 자라서 영화 배우가 됐다.

Tim **woke up to find** himself famous. 팀은 자고 일어나니까 자신이 유명해 졌다는 것을 알았다(유명인이 돼 있었다).

We tried so hard **only to fail.** 우리는 열심히 노력했지만 결국 실패했다.

He **lived to be** ninety. 그는 90세까지 살았다.

소화제 투입

보통 grew up, woke up, awoke, lived 처럼 자신의 의지와 상관없이 자연스럽게 일어나는 동사와 to부정사가 같이 쓰이면 부사적 용법이야.

2. 판단: ~하는 것을 보니 (술어 수식)

must be(~임에 틀림없다), cannot be(~일 리가 없다) 다음에 오는 to부정사는 '~하는 것을 보니'라는 뜻으로 어떤 판단의 근거를 나타내.

You **must be** an idiot **to talk** like that. 그렇게 말하는 것을 보니 너는 바보임이 틀림없다.

You **must have been** an idiot **to talk** like that. (과거에) 그렇게 말했던 것을 보니 너는 바보였음이 틀림없다.

과거 사실에 대한 강한 추측은 'must + have + p.p.'로 표현.

He **cannot be** my father **to be** so young. 그렇게 젊은 것을 보니 그는 나의 아버지일 리가 없다.

과거 사실에 대한 부정적인 추측은 'cannot + have + p.p.'로 표현.

He **cannot have been**(= couldn't have been) my father **to be** so young.
(과거에) 그렇게 젊었던 것을 보니 그는 나의 아버지였을 리가 없다.

■ 원형부정사

원형부정사는 쉽게 말해서 to가 없는 부정사, 즉 동사원형을 말해. to가 없는데 to부정사라니 희한하지? 동사원형이 to부정사처럼 보어의 역할을 해서 원형부정사라고 부르는 건데 원형부정사는 사역동사나 지각동사의 목적 보어로 쓰여.

1. 사역동사(make, let, have, help) + 목적어 + 원형부정사

목적 보어.

I **made** him **move** his body. 나는 그가 몸을 움직이게 만들었다.

I **let** him **move** his body. 나는 그가 몸을 움직이게 허락했다.

I **had** him **move** his body. 나는 그가 몸을 움직이게 했다.

I **helped** him **move** his body. 나는 그가 몸을 움직이게 도왔다.

'도와준다'는 시키는 것과 상관없지만 사역동사로 여겨!

소화제 투입

5형식: 주어 + 동사 + 목적어 + 목적 보어
사역동사: 상대방에게 뭔가를 '시킨다'는 의미의 동사.
① make: 강제로 시키는 느낌.
② let: 못하게 막았다가 다시 할 수 있게 풀어 주는 느낌.
③ have: 강제도 허락도 아닌, 세탁소 아저씨에게 세탁물을 맡기는 것처럼 직업적으로 시키거나 부탁을 하는 정도의 느낌.

2. 지각동사(watch, see, look at, hear, listen to, feel) + 목적어 + 원형부정사

I **saw** her **dance** the night away. 나는 그녀가 밤새 춤추는 것을 봤다.

I **heard** her **dance** the night away. 나는 그녀가 밤새 춤추는 것을 들었다.

I **felt** her **dance** the night away. 나는 그녀가 밤새 춤추는 것을 느꼈다.

> **지각동사**
> 보고(see), 듣고(hear), 느끼는 (feel) 동사들을 '지각동사'라고 해.

필수 단어 & 숙어 grow up 자라다 idiot 바보 dance the night away 밤새 춤추다, 밤(night)이 가 버리니(away) 밤을 새운 것.

■ to부정사와 원형부정사 표로 정리하기

to부정사의 부사적 용법: 형용사, 동사, 부사 수식	
1. 결과 ~해서 ~하다 (동사에 대한 결과적 수식)	John ________ be a movie star. 존은 자라서 영화배우가 됐다. Tim ________ find himself famous. 팀은 자고 일어나니까 유명인이 돼 있었다. We tried so hard ________ fail. 우리는 열심히 노력했지만 결국 실패했다. He ________ be ninety. 그는 90세까지 살았다.
2. ( ) ~하는 것을 보니 (술어 수식)	You ________ an idiot ________ like that. 그렇게 말하는 것을 보니 너는 바보임이 틀림없다. You ________ an idiot ________ like that. 그렇게 말했던 것을 보니 너는 바보였음이 틀림없다. (과거) He ________ my father ________ so young 그렇게 젊은 것을 보니 그는 나의 아버지일 리가 없다. He ________ my father ________ so young. 그렇게 젊었던 것을 보니 그는 나의 아버지였을 리가 없다. (과거)
원형부정사: 사역동사나 지각동사의 목적 보어	
3. 사역동사 (시키는 동사)	사역동사 + 목적어 + 원형부정사 I made him move his body. 나는 그가 몸을 움직이게 만들었다. I ________ him ________ his body. 나는 그가 몸을 움직이게 허락했다. I ________ him ________ his body. 나는 그가 몸을 움직이게 했다. I ________ him ________ his body. 나는 그가 몸을 움직이게 도왔다.
4. 지각동사 (느끼는 동사)	지각동사 + 목적어 + 원형부정사 I saw her dance the night away. 나는 그녀가 밤새 춤추는 것을 봤다. I ________ her ________ the night away. 나는 그녀가 밤새 춤추는 것을 들었다. I ________ her ________ the night away. 나는 그녀가 밤새 춤추는 것을 느꼈다.

소화제 투입

> **사역동사나 지각동사는 몇 형식 문장?**
> 주어 + 동사 + 목적어 + 목적 보어인 5형식 문장이야.
> I made her cry.
> S V O OC
> 나는 그녀를 울게 만들었다.
> I saw him move.
> S V O OC
> 나는 그가 움직이는 것을 봤다.

정답 1. grew up to, woke up to, only to, lived to 2. 판단, must be, to talk, must have been, to talk, cannot be, to be, cannot have been, to be
3. let, move, had, move, helped, move 4. heard, dance, felt, dance

1 to부정사를 이용해서 두 문장이 같은 뜻이 되도록 만드세요.

1. My grandfather lived until he was eighty.

   = My grandfather lived ___to be___ eighty. 우리 할아버지는 80세까지 사셨다.

2. John grew up, and he was a doctor.

   = John grew up ______ a doctor. 존은 자라서 의사가 됐다.

3. You act like that and you must be a nice person.

   = You must be a nice person ______ like that. 그렇게 행동하는 것을 보니 너는 좋은 사람이 틀림없다.

4. He studied very hard for the exam, but he only failed.

   = He studied very hard for the exam only ______. 그는 그 시험을 위해 아주 열심히 공부했지만 결국 실패했다.

5. She awoke, and she found herself in a strange place.

   = She awoke ______ herself in a strange place. 그녀는 일어나 보니 이상한 곳에 있다는 것을 알았다

   awake(깨다)의 과거.

6. He talked like that and he must have been honest.

   = He must have been honest ______ like that. 그렇게 말했던 것을 보니 그는 정직했던 게 틀림없다.

7. Your dog understands your words and it cannot be stupid.

   = Your dog cannot be stupid ______ your words. 네 말을 이해하는 것을 보니 그 개가 멍청할 리가 없다.

영어로 해보기

2 원형부정사를 이용해서 우리말에 알맞은 문장을 완성하세요.

1. She danced the night away. + I saw it.

   = I saw her ___dance___ the night away. 나는 그녀가 밤새 춤추는 것을 봤다.

2. Someone knocked on the door. + I heard it.

   = I heard someone ______ on the door. 나는 누군가 방문을 두드리는 소리를 들었다.

3. He waved his hands. + I made him do it.

   = I made him ______ his hands. 나는 그가 손들을 흔들도록 시켰다.

4. We went to the bathroom. + Mrs. Robinson let us do it.

   = Mrs. Robinson let us ______ to the bathroom. 로빈슨 여사는 우리가 화장실에 가도록 허락해 줬다.

5. Chris dry-cleaned my pants. + You had him do it.

   = You had Chris ______ my pants. 너는 크리스에게 내 바지를 드라이클리닝 하도록 시켰다.

6. Something touched my brother's head. + He felt it.

   = My brother felt something ______ his head. 내 남동생은 뭔가가 자기 머리를 만지는 것을 느꼈다.

Memorization 우리말을 보고 영어 문장을 완성하세요.

1. 존은 자라서 영화 배우가 됐다. ➡ John ____ ____ ____ ____ a movis star.

2. 팀은 자고 일어나니까 유명인이 돼 있었다.
   ➡ Tim ____ ____ ____ ____ himself famous.

3. 우리는 열심히 노력했지만 결국 실패했다. ➡ We tried so hard ____ ____ ____.

4. 그렇게 말하는 것을 보니 너는 바보임이 틀림없다.
   ➡ ____ ____ ____ an idiot ____ ____ like that.

5. 그렇게 말했던 것을 보니 너는 바보였음이 틀림없다.
   ➡ ____ must've ____ an idiot ____ ____ like that.

   must have의 축약형이 must've야.

6. 그렇게 젊은 것을 보니 그는 나의 아버지일 리가 없다.
   ➡ ____ ____ ____ my father ____ ____ so young.

7. 그렇게 젊었던 것을 보니 그는 나의 아버지였을 리가 없다.
   ➡ ____ ____ ____ ____ my father ____ ____ so young.

8. 나는 그가 몸을 움직이게 만들었다. ➡ ____ ____ ____ ____ his body.

9. 나는 그가 몸을 움직이게 허락했다. ➡ ____ ____ ____ ____ his body.

10. 나는 그가 몸을 움직이게 했다. ➡ ____ ____ ____ ____ his body.

11. 나는 그가 몸을 움직이게 도왔다. ➡ ____ ____ ____ ____ his body.

12. 나는 그녀가 밤새 춤추는 것을 봤다. ➡ ____ ____ ____ ____ the night away.

13. 나는 그녀가 밤새 춤추는 것을 들었다. ➡ ____ ____ ____ ____ the night away.

14. 나는 그녀가 밤새 춤추는 것을 느꼈다. ➡ ____ ____ ____ ____ the night away.

그림으로 기억하기 빈칸에 알맞은 단어들을 써서 그림의 대화에 맞게 영작하세요.

1. 저는 슈퍼보이였어요.
   그리고 저는 자라서 슈퍼맨이 됐어요.

2. 그렇게 말하는 것을 보니 너는 내 아들이 틀림없다.

3. 그렇게 못생기신 걸 보니 당신은 제 아버지일 리가 없어요.

1. I ____ a superboy.
   And I grew up ____ Superman.

2. You ____ be my son ____ like that.

3. You ____ be my father ____ so ugly.

20 to부정사의 부사적 용법 3 – 시험과 독해에 꼭 필요한 것들

공부를 열심히 하는 것은 그(him)!

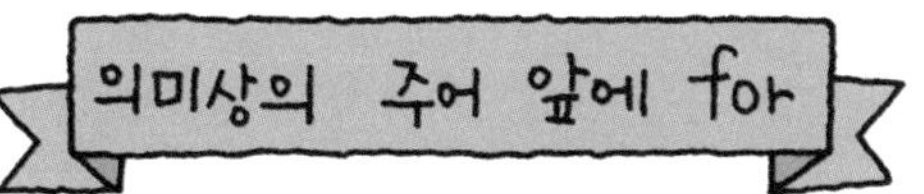

It is not easy for him to study Chinese.

그가 중국어를 공부하기는 쉽지 않다.

But
그러나

그렇게 하는 현명한 사람 역시 그(him)!

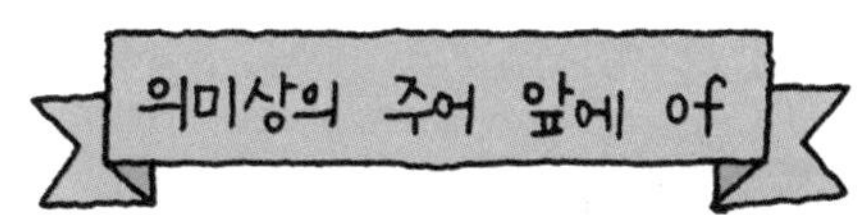

It is wise of him to do so.

그가 그렇게 하는 것은(중국어를 공부한다는 것은) 현명한 일이다.

이번 과에서는 to부정사의 의미상 주어와, to부정사를 대신하는 대부정사, 그리고 to부정사의 부정형을 공부해 볼 거야. to부정사의 의미상 주어는 부정사가 나타내는 동작의 주인이 되는 원래 주어를 말해. It is not easy for him to study Chinese.에서 중국어 공부를 하는 사람은 it이 아닌 him이잖아. 그래서 실제 동작의 주인인 him 앞에 for 같은 전치사를 붙여서 이게 진짜 주인인 '의미상 주어'임을 나타내지. 여기서 it은 형식상의 주어일 뿐이야. 그런데 의미상 주어를 나타내는 전치사는 for와 of가 있어. 대부분 for를 쓰지만 kind, wise, bad처럼 사람의 성질이나 특징을 나타내는 형용사가 앞에 오면 of를 써서 나타내.

다음 문장의 의미상 주어 앞에 알맞은 전치사를 고르세요.

1. It is not easy (for, of) him to study Chinese. 그가 중국어를 공부하기는 쉽지 않다.
2. It is wise (for, of) him to do so. 그가 그렇게 하는 것은 현명한 일이다.

정답 1. for 2. of

to부정사의 의미상 주어 - 부정사가 나타내는 동작에 의미를 주는 원래 주어

■ to부정사의 의미상 주어

영어 문장에서 주어는 무조건 하나밖에 없다고 배웠지? 그런데 문장에 to부정사가 있는 경우, 우리말로 해석할 때의 주어(의미상 주어)와 형식적인 주어가 다를 때가 있어. 이때 to부정사의 주어가 되는 말을 '의미상 주어'라고 불러. 보통 의미상 주어는 to부정사 앞에 오는데 어떤 때는 생략되기도 하고, 어떤 때는 『for + 목적격』이나 『of + 목적격』의 형태로 쓰이기도 해.

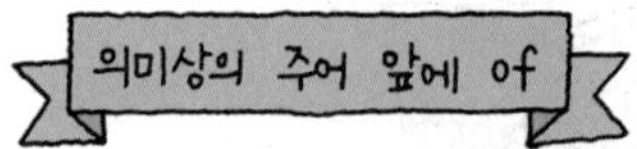

1. **for가 나오는 경우:** 문장의 주어와 부정사의 주어가 일치하지 않을 때 대부분

It is not easy to study Chinese. (일반적으로 사람들이) 중국어를 배우는 것은 쉽지 않다.

It is not easy **for him** to study Chinese. 그가 중국어를 공부하기는 쉽지 않다. ← 중국어 공부를 하는 것은 그(him).

It is important to work out every day. (일반적으로 사람들이) 매일 운동하는 것은 중요하다.

나의 아빠는 my dad 대신 Dad를 쓰기도 해. 나의 유일한 아빠이기 때문이지.

It is important **for Dad** to work out every day. 아빠가 매일 운동하는 것은 중요하다. ← 운동하는 것은 아빠(Dad).

He finished the job to get some rest. 그는 좀 쉬기 위해서 그 일을 끝냈다. ← 쉬려는 사람 = 일을 끝낸 사람(그).

He finished the job **for Jane** to get some rest. 그는 제인이 쉴 수 있도록 그 일을 끝냈다. ← 쉴 사람은 제인(Jane).

의미상의 주어 앞에 of

2. **of가 나오는 경우:** 사람의 성질이나 특징을 나타내는 형용사의 진주어(진짜 주어)일 때

It was very **kind of her** to say so. 그녀가 그렇게 말한 것은 정말 친절한 일이었다. ← 그렇게 말한 것은 그녀(her).

It was **wise of him** to do it. 그가 그것을 한 것은 현명한 일이다. ← 그것을 한 것은 그(hiim).

It is **nice of you** to give me flowers. 네가 나에게 꽃들을 준 것은 멋진 일이다. ← 꽃들을 준 것은 너(you).

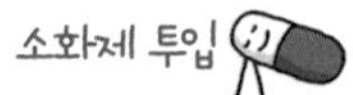

사람의 성질이나 특징을 나타내는 형용사

- bad(나쁜), foolish(어리석은), stupid(멍청한), wise(현명한), silly(실없는, 바보 같은), careless(부주의한), reckless(무모한), cruel(잔인한), clever(명석한), polite(예의 바른, 공손한), rude(무례한), considerate(신중한), thoughtful(생각이 깊은), nice(멋진) 등이 있어.
- less는 '~이 없는'이라는 뜻이야. care(주의, 조심)에 less를 붙이면 careless(부주의한), reck(~을 개의하다, 염려하다)에 less를 붙이면 reckless(생각 없이) '무모한'.

■ 대신 말하는 대부정사

앞에 나온 명사를 똑같이 반복하는 것이 싫어서 명사 대신 대명사를 쓰는 것처럼, 대부정사란 to부정사를 대신하는 거야. 우리말은 생략을 잘 안 하는데, 영어는 생략해 버리는 경우가 많아.

I can do whatever I want if I want **to**. 나는 내가 하고 싶으면 원하는 것을 무엇이라도 할 수 있다. ← to 뒤에 do 생략.

You may go home if you want **to**. 너는 원하면 집에 가도 된다. ← to 뒤에 go home 생략.

She didn't do it because I told her not **to**. 내가 하지 말라고 그녀에게 말했기 때문에 그녀는 그것을 안 했다. ← to 뒤에 do it 생략.

■ 부정사의 부정: to 앞에 not 또는 never를 넣는다.

'보는 것이 기쁘다'를 '보지 않는 것이 기쁘다'라고 하려면 to see앞에 not을 넣으면 돼.

I did my best **not to fail** the test. 나는 시험에 실패하지 않으려고 최선을 다했다.

I am so glad **not to see** you. 나는 너를 보지 않아서 아주 기쁘다.

They must be wise **not to act** like that. 그들이 그렇게 행동하지 않다니 현명한 게 틀림없다.

He promised **never to lie** again. 그는 절대로 다시는 거짓말하지 않기로 약속했다.

They told me **not to be late** for the meeting. 그들은 나에게 회의에 늦지 말라고 말했다.

부정사의 부정 vs 문장 전체의 부정
They told me not to go home. (부정사의 부정) / They didn't tell me go home. (문장 전체의 부정)
그들은 나에게 집에 가지 말라고 말했다. 그들은 나에게 집에 가라고 말하지 않았다.

■ to부정사의 의미상 주어, 대부정사, 부정사의 부정 표로 정리하기

1. 의미상 주어 'for + 목적격'

It is not easy ____ him ____ study Chinese. 그가 중국어를 공부하기는 쉽지 않다.

It is important ____ Dad ____ work out every day. 아빠가 매일 운동하는 것은 중요하다.

He finished the job ____ Jane ____ get some rest. 그는 제인이 쉴 수 있도록 그 일을 끝냈다.

2. 의미상 주어 'of + 목적격': 사람의 성질을 나타내는 형용사 뒤에 올 때

It was very silly ____ him to say so. 그가 그렇게 말한 것은 정말 바보 같은 일이었다.

It was ____ of ____ to do it. 그가 그것을 한 것은 현명한 일이었다.

It was very ____ of ____ to say so. 그녀가 그렇게 말한 것은 정말 친절한 일이었다.

3. 대부정사: 앞에 나왔던 동사는 to로 대치

I can do whatever I want if I want ____. 나는 내가 하고 싶으면 원하는 것을 무엇이라도 할 수 있다.

You may go home if you want ____. 너는 원하면 집에 가도 된다.

She didn't do it because I told her not ____. 내가 하지 말라고 그녀에게 말했기 때문에 그녀는 그것을 안 했다.

4. 부정사의 부정: 부정사 앞에 not, never

I did my best ____ to fail the test. 나는 시험에 실패하지 않으려고 최선을 다했다.

I am so glad ____ to see you. 나는 너를 보지 않아서 아주 기쁘다.

They must be wise ____ to act like that. 그들이 그렇게 행동하지 않다니 현명한 게 틀림없다.

He promised ____ to lie again. 그는 절대로 다시는 거짓말하지 않기로 약속했다.

They told me ____ to be late for the meeting. 그들은 나에게 회의에 늦지 말라고 말했다.

정답 1. for, to, for, to, for, to 2. of, wise, him, kind, her 3. to, to, to 4. not, not, not, never, not

영어로 해보기 **1** 우리말과 같은 뜻이 되도록 문장을 완성하세요.

1. It is not easy for ________ ________ to study Chinese. 그녀가 중국어를 공부하기는 쉽지 않다.
2. ________ is wise ________ him to do so. 그가 그렇게 하는 것은 현명한 일이다.
3. It's important ________ me ________ work out every day. 내가 매일 운동하는 것은 중요하다.
4. She finished the job ________ John ________ get some rest. 그녀는 존이 쉴 수 있도록 그 일을 끝냈다.
5. It was ________ of ________ to do it. 그가 그렇게 한 것은 현명한 일이었다.
6. It was very ________ of him ________ say so. 그가 그렇게 말한 것은 정말 무례한 일이었다.
7. It was very nice ________ him ________ help me. 그가 나를 도와준 것은 정말 멋진 일이었다.
8. It is very ________ of ________ to say so. 그녀가 그렇게 말한 것은 정말 친절한 일이다.
9. You can do whatever you want ________ you want ________. 너는 네가 하고 싶으면 원하는 것을 무엇이라도 할 수 있다.
10. It was ________ of ________ to do it. 네가 그것을 한 것은 어리석은 일이었다. foolish
11. They may go home ________ they want ________. 그들은 원하면 집에 가도 된다.
12. He didn't do it because I told him ________ ________. 내가 하지 말라고 그에게 말했기 때문에 그는 그것을 안 했다.

영어로 해보기 **2** 주어진 문장을 해석에 맞게 부정문으로 만드세요.

보기 | He promised to lie again.
➡ He promised not to lie again. 그는 다시는 거짓말을 하지 않기로 약속했다.

1. They told me to be late for school.

   ➡ They told me ____________ for school. 그들은 나에게 학교에 늦지 말라고 말했다.

2. I decided to leave for China.

   ➡ I decided ____________ for China. 나는 중국으로 떠나지 않기로 결심했다.

3. They must be wise to act like that.

   ➡ They must be wise ____________ like that. 그들이 그렇게 행동하지 않다니 현명한 게 틀림없다.

소화제 투입 필수 단어 be late for ~에 늦다 leave for ~로 떠나다

우리말을 보고 영어 문장을 완성하세요.

1. 그가 중국어를 공부하기는 쉽지 않다. ➡ It is not easy ____ ____ ____ ____ Chinese.
2. 아빠가 매일 운동하는 것은 중요하다. ➡ It's ____ ____ ____ ____ ____ work out every day.
3. 나는 제인이 쉴 수 있도록 그 일을 끝냈다. ➡ I finished the job ____ ____ ____ ____ some rest.
4. 네가 그렇게 말한 것은 정말 친절한 일이었다. ➡ It was very kind ____ ____ ____ ____ so.
5. 그녀가 그렇게 말한 것은 나쁜 일이었다. ➡ It was ____ ____ ____ ____ say so.
6. 그녀가 그렇게 말한 것은 어리석은 일이었다. ➡ It was fo____ ____ ____ ____ say so.
7. 그녀가 그렇게 말한 것은 멍청한 일이었다. ➡ It was st____ ____ ____ ____ say so.
8. 그녀가 그렇게 말한 것은 현명한 일이었다. ➡ It was wi____ ____ ____ ____ say so.
9. 그녀가 그렇게 말한 것은 실없는 일이었다. ➡ It was si____ ____ ____ ____ say so.
10. 그녀가 그렇게 말한 것은 조심성이 없는 일이었다. ➡ It was ca____ ____ ____ ____ say so.
11. 그녀가 그렇게 말한 것은 무모한 일이었다. ➡ It was re____ ____ ____ ____ say so.
12. 그녀가 그렇게 말한 것은 잔인한 일이었다. ➡ It was cr____ ____ ____ ____ say so.
13. 그녀가 그렇게 말한 것은 똑똑한 일이었다. ➡ It was cl____ ____ ____ ____ say so.
14. 그녀가 그렇게 말한 것은 예의 바른 일이었다. ➡ It was po____ ____ ____ ____ say so.
15. 그녀가 그렇게 말한 것은 무례한 일이었다. ➡ It was ru____ ____ ____ ____ say so.
16. 그녀가 그렇게 말한 것은 생각이 깊은 일이었다. ➡ It was th____ ____ ____ ____ ____ say so.
17. 나는 내가 하고 싶으면 원하는 것을 무엇이라도 할 수 있다.
   ➡ I can do whatever I want ____ ____ ____ ____.
18. 너는 원하면 집에 가도 된다. ➡ You may go home ____ ____ ____ ____.
19. 내가 하지 말라고 그녀에게 말했기 때문에 그녀는 그것을 안 했다.
   ➡ She didn't do it because ____ ____ ____ ____ ____.
20. 나는 시험에 실패하지 않으려고 최선을 다했다. ➡ I did my best ____ ____ ____ ____ ____.
21. 나는 너를 보지 않아서 아주 기쁘다. ➡ I am so glad ____ ____ ____ ____.
22. 그들이 그렇게 행동하지 않다니 현명한 게 틀림없다.
   ➡ They must be wise ____ ____ ____ ____ ____.
23. 그는 절대로 다시는 거짓말하지 않기로 약속했다. ➡ He promised ____ ____ ____ ____.
24. 그들은 내게 회의에 늦지 말라고 말했다. ➡ They told me ____ ____ ____ ____ for the meeting.

복습 15~20과 to부정사 총정리

15 to부정사의 명사적 용법 주어, 목적어, 보어 역할을 하는 명사 따라쟁이

문장에서 맡은 역할			
주어 ~하는 것은	see + is important	➡	To see is important.
	think deeply + is important	➡	______ 1
	work together + is important	➡	______ 2
목적어 ( )3	I want + dance	➡	______ 4
	I agree + dance	➡	______ 5
( )6 ~하는 것(이다)	Love is + say I am sorry	➡	Love is to say I am sorry.
	Love is + respond	➡	______ 7
	Love is + look up to	➡	______ 8

16 to부정사의 형용사적 용법 1 형용사는 일편단심 명사바라기

명사 뒤에서 꾸며 주는 형용사 역할

I have some money ______1. 나는 쓸 돈을 가지고 있다.

He needs some work ______2. 그는 할 일이 필요하다.

보통 형용사는 앞에서 뒤를 꾸미지만, to부정사는 뒤에서 앞을 꾸며.

전치사가 to부정사 뒤에 붙는 경우

I need a pen to write ______3. 나는 (가지고) 쓸 펜이 필요하다.

Do you need some paper to write ______4? 너는 (그 위에) 쓸 종이가 필요하니?

-one, -body, -thing으로 끝나는 대명사 뒤에 형용사가 오면 to부정사를 형용사 뒤에 붙임.

I want somebody reliable ______5. 나는 믿을 수 있는 신뢰할 만한 누군가를 원한다.

Is there anyone tall ______6 basketball? 농구할 만한 키 큰 누구 있니?

to부정사의 형용사적 용법의 관용적 표현: 『It's (about) time to + 동사원형』

______7 go to bed? 자러 갈 시간이니? (의미상 주어 we를 생략할 때)

Is it (about) time for us ______8 the road? 우리가 출발할 시간이니? (의미상 주어 we를 쓸 때)

17 to부정사의 형용사적 용법 2 be to 용법, 그것이 알고 싶다!

be to 용법은 예정, 가능, 운명, 의무, 의도가 있지만 공통적인 뜻은 모두 '~하기로 돼 있다.'

예정: ~할 예정이다	We ______1 have a meeting at 5 p.m. tomorrow. 우리는 내일 5시에 회의를 할 예정이다(회의를 하게 돼 있다).
( )2: ~할 수 있다	The lost son ______3 be found. 그 잃어버린 아들은 발견될 수 없었다(발견될 수 없게 돼 있었다).
( )4: ~할 운명이다	The dog ______5 encounter its owner 1 year later. 그 개는 1년 후에 주인과 만나게 될 운명이었다(만나게 돼 있었다).
( )6: ~해야 한다	You ______7 run in the classroom. 너는 교실에서 뛰면 안 된다(안 되게 돼 있다).
( )8: ~하려면	If you ______9 make a fortune, you must risk what you have now. 너는 큰 돈을 벌려면(벌게 되려면), 네가 지금 갖고 있는 것을 희생해야 한다.

18 to부정사의 부사적 용법 1 수식을 위한, 수식에 의한, 수식의 부정사!

목적 ~하기 위해, ~하려고	I waved my hands ________ [1] his attention. 나는 주목을 받기 위해 손들을 흔들었다. I came here ________ [2] you. 나는 너를 만나기 위해 여기에 왔다.
(　　　)[3] ~하니, ~하게 돼서	I am honored ________ [4] you. 나는 당신을 보게 돼서 영광이다. I am pleased ________ [5] you. 나는 너를 만나서 기쁘다.
(　　　)[6] ~하기에는 (너무, 충분히) …한	This book is too hard for me to understand. 이 책은 너무 어려워서 내가 이해할 수 없다. = This book is ________ [7] understand it. This book is easy enough for me to understand. 이 책은 아주 쉬워서 내가 이해할 수 있다. = This book is ________ [8] understand it.
(　　　)[9] ~하는 것을 보니	You ________ [10] an idiot ________ [11] like that. 그렇게 말하는 것을 보니 너는 바보임이 틀림없다.
(　　　)[12] ~해서 ~하다	John grew up ________ [13] a movie star. 존은 자라서 영화 배우가 됐다. He lived ________ [14] ninety. 그는 90세까지 살았다.

19 to부정사의 부사적 용법 2 동사와 형용사에 충성!

결과 ~해서 ~하다	Tim ________ [1] find himself famous. 팀은 자고 일어나니까 유명인이 돼 있었다. We tried so hard ________ [2] fail. 우리는 열심히 노력했지만 결국 실패했다.
(　　　)[3] ~하는 것을 보니	He cannot be my father ________ [4] so young. 그렇게 젊은 것을 보니 그는 나의 아버지일 리가 없다. He cannot have been my father to be so young. 그렇게 젊었던 것을 보니 그는 나의 아버지였을 리가 없다.
원형부정사: 사역동사나 지각동사의 목적격 보어	
사역동사 make, let, have, help	1. 사역동사 + 목적어 + 원형부정사 I made him ________ [5] his body. 나는 그가 몸을 움직이게 만들었다.
지각동사 see, watch, hear, feel	2. 지각동사 + 목적어 + 원형부정사 I saw her ________ [6] the night away. 나는 그녀가 밤새 춤추는 것을 봤다.

20 to부정사의 부사적 용법 3 시험과 독해에 꼭 필요한 것들

의미상 주어: 일반적으로 'for + 목적격'. 단, 사람의 성질을 나타내는 형용사 뒤에 올 때는 'of + 목적격'

It is not easy ________ [1] him to study Chinese. 그가 중국어를 공부하기는 쉽지 않다.

It was very kind ________ [2] her to say so. 그녀가 그렇게 말한 것은 정말 친절한 일이었다.

대부정사: 앞에 나왔던 동사는 to로 대치

I can do whatever I want if I want ________ [3]. 나는 내가 하고 싶으면 원하는 것을 무엇이라도 할 수 있다.

부정사의 부정: 부정사 앞에 not이나 never.

I did my best ________ [4] to fail the test. 나는 시험에 실패하지 않으려고 최선을 다했다.

He promised ________ [5] to lie again. 그는 절대로 다시는 거짓말하지 않기로 약속했다.

1 두 문장이 같은 뜻이 되도록 빈칸에 알맞은 말을 쓰세요.

1. I am too poor to buy a house. 나는 너무 가난해서 집을 살 수 없다.

   ➡ I am so poor that I can't buy a house. 나는 아주 가난해서 집을 살 수 없다.

2. I am so rich that I can buy a house. 나는 너무 부자여서 집을 살 수 있다.

   ➡ I am rich enough to buy a house. 나는 집을 살 만큼 충분히 부자이다.

3. He is too short to be a basketball player. 그는 너무 작아서 농구 선수가 될 수 없다.

   ➡ He ______________________. 그는 너무 작아서 농구 선수가 될 수 없다.

4. Jim is funny enough to be a comedian. 짐은 코미디언이 될 수 있을 만큼 충분히 웃기다.

   ➡ Jim ______________________. 짐은 아주 웃겨서 코미디언이 될 수 있다.

5. She is so tired that she can't go to a party. 그녀는 너무 피곤해서 파티에 갈 수 없다.

   ➡ She ______________________. 그녀는 너무 피곤해서 파티에 갈 수 없다.

6. I am so tall that I can be a model. 나는 아주 키가 커서 모델이 될 수 있다.

   ➡ I ______________________. 나는 모델이 될 만큼 충분히 키가 크다.

7. You are too weak to study all night. 너는 너무 약해서 밤새서 공부할 수 없다.

   ➡ You ______________________. 너는 너무 약해서 밤새서 공부할 수 없다.

8. He is smart enough to act like that. 그는 그렇게 행동할 만큼 충분히 영리하다.

   ➡ He ______________________. 그는 아주 영리해서 그렇게 행동할 수 있다.

9. This book is so hard that I can't understand it. 이 책은 너무 어려워서 나는 그것을 이해할 수 없다.

   ➡ This book ______________________. 이 책은 너무 어려워서 나는 이해할 수 없다.

10. This book is easy enough for me to understand. 이 책은 내가 이해할 만큼 충분히 쉽다.

    ➡ This book ______________________ it. 이 책은 아주 쉬워서 내가 그것을 이해할 수 있다.

11. The table is too heavy for her to carry. 그 식탁은 너무 무거워서 그녀가 옮길 수 없다.

    ➡ The table ______________________ it. 그 식탁은 너무 무거워서 그녀가 그것을 옮길 수 없다.

2 다음 문장에서 어법상 맞지 않은 부분을 고쳐 문장을 다시 쓰세요.

1. I want cold something to drink.
   ➡ I want something cold to drink. 나는 마실 찬 것을 원한다.
2. I saw her to work out all day.
   ➡ I saw her ________________. 나는 그녀가 하루 종일 운동하는 것을 봤다.
3. Can I borrow a pen to write on?
   ➡ Can I borrow ________________? 내가 갖고 쓸 펜 좀 빌릴 수 있니?
4. It's time to getting up.
   ➡ It's time ________________. 일어날 시간이다.
5. He must be clever to answered the question.
   ➡ He must be clever ________________. 그 질문에 대답을 하다니 그는 명석한 게 틀림없다.
6. We need reliable someone to turn to.
   ➡ We need ________________. 우리는 의지할 수 있는 신뢰할 만한 누군가가 필요하다.
7. Jim made me opened the window.
   ➡ Jim made ________________. 짐은 내가 창문을 열도록 시켰다.
8. She tried very hard for the test only failed.
   ➡ She tried ________________. 그녀는 그 시험을 위해 열심히 노력했지만 실패했다.

3 for나 of를 이용해 to부정사가 들어가는 구문으로 만드세요.

1. It is not easy that he studies Chinese. 그가 중국어를 공부하는 것이 쉽지 않다.
   ➡ It is not easy for him to study Chinese.
2. It was very kind that she said so. 그녀가 그렇게 말했다니 매우 친절했다.
   ➡ It was very kind ________________.
3. The question is so hard that I can't answer it. 그 질문은 너무 어려워서 나는 그것에 대답하지 못한다.
   ➡ The question is ________________.
4. It is very stupid that I make the same mistake. 내가 같은 실수를 하는 것은 아주 멍청하다.
   ➡ It is very stupid ________________.
5. It was wise that you didn't waste your money. 네가 돈을 낭비하지 않은 것은 현명했다.
   ➡ It was wise ________________.
6. It will be dangerous that she travels alone. 그녀가 혼자 여행하는 것은 위험할 것이다.
   ➡ It will be dangerous ________________.
7. This box is so heavy that you can't lift it. 이 상자는 너무 무거워서 네가 그것을 들어올릴 수 없다.
   ➡ This box is ________________.
8. It is important that he doesn't lose courage. 그가 용기를 잃지 않는 것은 중요하다.
   ➡ It is important ________________.

21 동명사의 형식과 의미 — 동사에서 시작해서 명사로 변하는 카멜레온!

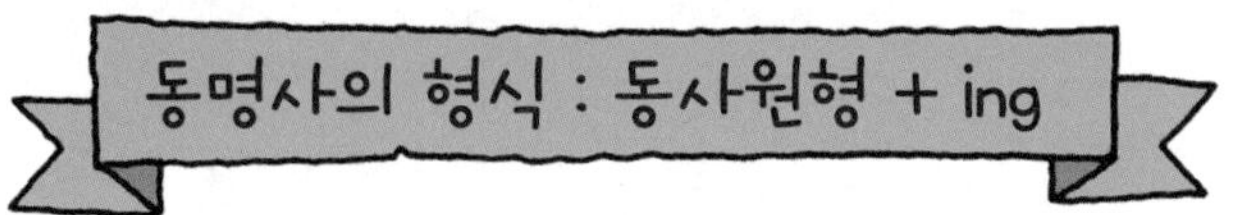

Mr. Parker suggests dancing in the rain.
파커 씨는 비 맞으며 춤추는 것을 제안한다.

파커 씨

I consider dancing in the rain.
But I dislike dancing in the rain.
나는 비 맞으며 춤추는 것을 고려한다.
하지만 나는 비 맞으며 춤추는 것을 싫어한다.

동사 → 동명사 (동사원형+ing)
dance 춤추다 → dancing 춤추는 것(춤추기)

동명사는 동사원형에 ing를 붙인 것으로, 외모는 동사인데 주어, 보어, 목적어 일을 하며 명사인 척하는 것을 말해. 동명사도 to부정사와 마찬가지로 원래 동사 출신이기 때문에 자체적으로 목적어나 보어, 수식어 등이 붙을 수 있어. 여기서 동명사가 to부정사와 다른 점은 동명사는 오직 명사적으로만 쓰인다는 점이야. 동명사의 형태는 『동사원형 + ing』로, '~하는 것'이나 '~하기'로 해석이 돼.

다음 동사를 동명사로 바꾸세요.

1. dance 춤추다 ➡ ________ 춤추기
2. fish 낚시하다 ➡ ________ 낚시하기
3. cook 요리하다 ➡ ________ 요리하기
4. swim 수영하다 ➡ ________ 수영하기

정답 1. dancing 2. fishing 3. cooking 4. swimming

동사원형 + ing

동명사(~하는 것, ~하기) - 무늬만 동사인 명사!

fish 낚시하다
→ fishing 낚시하는 것(낚시하기)
dive 다이빙하다
→ diving 다이빙하는 것(다이빙하기)
cook 요리하다
→ cooking 요리하는 것(요리하기)

■ 주어와 보어 역할을 하는 동명사

동명사는 명사가 할 수 있는 역할은 다 하기 때문에, 주어나 보어가 될 수 있어.

주어
Fishing is a very intelligent sport.
낚시하는 것은 아주 지적인 운동이다. ← 우리는 운동하면 무조건 스포츠(sports)라고 복수형을 쓰는데, 운동이 한 가지일 때는 sport를 써.

보어
One of the most extreme sports is cliff **diving**.
가장 극한의 스포츠 중의 하나는 암벽 다이빙을 하는 것이다.

주어
Cooking your own meal might be the best way to enjoy the food.
너의 식사를 직접 요리하는 것은 음식을 즐기는 최고의 방법일 것이다.

보어
The best way to enjoy summer must be **swimming** in the ocean.
여름을 즐기는 최고의 방법은 바다에서 수영하는 것이 틀림없다.

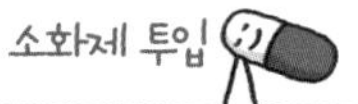

필수 단어 & 숙어 **intelligent** 지적인 **extreme** 극단적인 **cliff diving** 암벽 다이빙하기 **ocean** 대양, 바다
might be 아마도 ~일 것이다 **must be** 분명히 ~이다, ~임이 틀림없다(might be보다 강도가 세.)

발음을 세련되게~
마잇비, 머슷비로 외우자!

■ 동명사를 목적어로 취하는 동사

동명사가 문장에서 목적어 역할을 하기도 하는데, 동명사만 목적어로 취하는 동사와 to부정사만 목적어로 취하는 동사들이 따로 정해져 있어서 꼭 알아 둬야 해. 왜냐하면 시험에 잘 나오거든.

Mr. Parker enjoys **dancing** in the rain. 파커 씨는 비 맞으며 춤추는 것을 즐긴다.

동명사인 dancing(춤추는 것)이 동사 enjoy와 dislike의 **목적어**로 쓰였어.

I dislike **dancing** in the rain. 나는 비 맞으며 춤추는 것을 싫어한다.

I practice **dancing** in the rain with Mr. Parker. 나는 비 맞으며 파커 씨와 춤추는 것을 연습한다.

enjoy, dislike, practice처럼 목적어로 to부정사는 안 되고 동명사만 와야 하는 동사들이 많아. 동명사를 목적어로 취하는 동사를 쉽게 외우기 위해 '부정적인 뜻과 긍정적인 뜻'으로 나누어 살펴보자.

<동명사를 목적어로 취하는 동사> 평생 기억하기
'파커 씨와 나'의 이야기로 외우자!

1. 부정적인 뜻: 파커 씨는 비 맞으며 춤추는 것을 **싫어하고**(dislike) **꺼리니까**(mind), **피하고**(avoid) **연기하게 되고**(postpone= put off) **부인하다가**(deny) **그만두고**(quit) **멈춰서**(stop), 결국 **끝냈다**(finish).
2. 긍정적인 뜻: 파커 씨는 나에게 **제안한다**(suggest). 비 맞으며 춤추는 것을 **즐기니까**(enjoy) 자꾸 **상상하고**(imagine) **고려하고**(consider), **연습하자고**(practice).

부정적인 뜻	finish, postpone(= put off), dislike, mind, avoid, quit, deny, stop
긍정적인 뜻	suggest, consider, enjoy, imagine, practice

■ 동명사의 역할 표로 정리하기

동명사(동사원형 + ing): ~하는 것, ~하기	
1. 주어 ~하는 것은	Fishing is a very intelligent sport. 낚시하는 것은 아주 지적인 운동이다. ______ your own meal might be the best way to enjoy the food. 너의 식사를 직접 요리하는 것은 음식을 즐기는 최고의 방법일 것이다.
2. ( ) ~하는 것(이다)	One of the most extreme sports is cliff ______. 가장 극한의 스포츠 중의 하나는 암벽 다이빙을 하는 것이다. The best way to enjoy summer must be ______ in the ocean. 여름은 즐기는 최고의 방법은 바다에서 수영하는 것이 틀림없다. 소화제 투입: 문장은 길지만 결국 2형식 문장. A is B. '주어 + 동사 + 보어'
3. ( ) ~하는 것을 동명사를 목적어로 취하는 동사도 함께 연습해 보자!	Mr. Parker enjoys ______ in the rain. 파커 씨는 비 맞으며 춤추는 것을 즐긴다. Mr. Parker suggests ______ in the rain. 파커 씨는 비 맞으며 춤추는 것을 제안한다. I ______ dancing in the rain. 나는 비 맞으며 춤추는 것을 고려한다. I ______ dancing in the rain with Mr. Parker. 나는 비 맞으며 파커 씨와 춤추는 것을 상상한다. I ______ dancing in the rain with Mr. Parker. 나는 비 맞으며 파커 씨와 춤추는 것을 연습한다. But I ______ dancing in the rain. 하지만 나는 비 맞으며 춤추는 것을 싫어한다. Mr. Parker stops ______ in the rain. 파커 씨는 비 맞으며 춤추는 것을 멈춘다. 소화제 투입: 문장은 길지만 알고 보면 모두 3형식 문장. '주어 + 동사 + 목적어(나머지는 수식어)'

정답 1. Fishing, Cooking 2. 보어, diving, swimming 3. 목적어, dancing, dancing, consider, imagine, practice, dislike, dancing

■ 동명사를 목적어로 취하는 동사 연습하기

동명사를 목적어로 취하는 동사는 시험에 꼭 나와. 빈칸을 채우며 외우고 넘어가자.

'파커 씨와 나'의 이야기를 떠올리며 정리해 보자!

dislike	싫어하다	4	그만두다	6	제안하다
1	꺼리다	stop	멈추다	7	즐기다
2	피하다	5	끝내다	8	상상하다
postpone / put off	연기하다	부정적인 뜻과 긍정적인 뜻 두 가지로 기억해~		9	고려하다
3	부인하다			practice	연습하다

정답 1. mind 2. avoid 3. deny 4. quit 5. finish 6. suggest 7. enjoy 8. imagine 9. consider

영어로 해보기 **1** **밑줄 친 부분에 알맞은 동명사를 쓰고, 동명사의 역할을 쓰세요.**

1. ________ is a very intelligent sport. 낚시하는 것은 아주 지적인 운동이다. (주어)

2. One of the most extreme sports is cliff ________. ( )
가장 극한의 스포츠 중의 하나는 암벽 다이빙을 하는 것이다.

3. ________ your own meal might be the best way to enjoy the food. ( )
너의 식사를 직접 요리하는 것은 음식을 즐기는 최고의 방법일 것이다.

4. The best way to enjoy summer is ________ in the ocean. ( )
여름을 즐기는 최고의 방법은 바다에서 수영하는 것이다.

5. Mr. Parker enjoys ________ in the rain. 파커 씨는 비 맞으며 춤추는 것을 즐긴다. ( )

6. He dislikes ________ in the rain. 그는 비 맞으며 춤추는 것을 싫어한다. ( )

7. I consider ________ in the rain. 나는 비 맞으며 수영하는 것을 고려한다. ( )

8. I imagine ________ soccer with Mr. Parker. 나는 파커 씨와 축구 하는 것을 상상한다. ( )

영어로 해보기 **2** **제시된 단어들을 이용해서 보기와 같이 대화를 완성하세요.**

보기 | A: Do you like swimming in the ocean? 너는 바다에서 수영하는 것을 좋아하니? swim in the ocean
B: Yes. I enjoy swimming in the ocean. 응. 나는 바다에서 수영하는 것을 즐겨.
No. I dislike swimming in the ocean. 아니. 나는 바다에서 수영하는 것을 싫어해.

1. A: Does she like ________________? 그녀는 영화 보는 것을 좋아하니? see movies
B: Yes. She ________________. 응. 그녀는 영화 보는 것을 즐겨.

2. A: Do they like ________________? 그들은 요가 하는 것을 좋아하니? do yoga
B: No. They ________________. 아니. 그들은 요가 하는 것을 싫어해.

3. A: Does Kevin like ________________? 케빈은 탁구 치는 것을 좋아하니? play table tennis ('탁구 치다'라는 뜻.)
B: Yes. He ________________. 응. 그는 탁구 치는 것을 즐겨.

4. A: Do you like ________________? 너는 TV 보는 것을 좋아하니? watch TV
B: No. I ________________. 아니. 나는 TV 보는 것을 싫어해.

우리말을 보고 영어 문장을 완성하세요.

1. 낚시하는 것은 아주 지적인 운동이다.

➡ ______ ______ a very intelligent sport.

2. 너의 식사를 직접 요리하는 것은 음식을 즐기는 최고의 방법일 것이다.

➡ ______ ______ ______ ______ ______ the best way to enjoy the food.

3. 가장 극한의 스포츠 중의 하나는 암벽 다이빙을 하는 것이다.

➡ One of the most extreme sports ______ ______ ______.

4. 여름을 즐기는 최고의 방법은 바다에서 수영하는 것이 틀림없다.

➡ ______ ______ ______ ______ ______ ______ must be ______ in the ocean.

5. 파커 씨는 비 맞으며 춤추는 것을 싫어한다. ➡ Mr. Parker dis______ ______ in the rain.

Mr. Parker는 3인칭 단수이므로, 일반동사에 -(e)s를 붙여야 해.

6. 파커 씨는 비 맞으며 춤추는 것을 꺼린다. ➡ Mr. Parker ______ ______ in the rain.

7. 파커 씨는 비 맞으며 춤추는 것을 피한다. ➡ Mr. Parker ______ ______ in the rain.

8. 파커 씨는 비 맞으며 춤추는 것을 연기한다. ➡ Mr. Parker po______ ______ in the rain.

9. 파커 씨는 비 맞으며 춤추는 것을 연기한다. ➡ Mr. Parker pu______ ______ ______ in the rain.

10. 파커 씨는 비 맞으며 춤추는 것을 부인한다. ➡ Mr. Parker ______ ______ in the rain.

11. 파커 씨는 비 맞으며 춤추는 것을 그만둔다. ➡ Mr. Parker qu______ ______ in the rain.

12. 파커 씨는 비 맞으며 춤추는 것을 멈춘다. ➡ Mr. Parker st______ ______ in the rain.

13. 파커 씨는 비 맞으며 춤추는 것을 즐긴다. ➡ Mr. Parker ______ ______ in the rain.

14. 파커 씨는 비 맞으며 춤추는 것을 상상한다. ➡ Mr. Parker ______ ______ in the rain.

15. 파커 씨는 비 맞으며 춤추는 것을 고려한다. ➡ Mr. Parker ______ ______ in the rain.

16. 파커 씨는 비 맞으며 춤추는 것을 연습한다. ➡ Mr. Parker ______ ______ in the rain.

17. 파커 씨는 비 맞으며 춤추는 것을 제안한다. ➡ Mr. Parker ______ ______ in the rain.

22 동명사의 활용 – 명사가 하는 건 다 하는, 명사의 대타!

동명사와 to부정사를 쓸 때 같은 뜻이 되는 동사와 다른 뜻이 되는 동사가 있다!

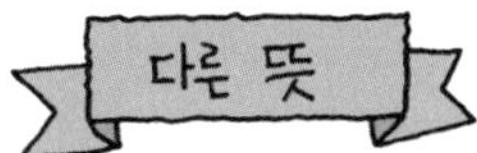

Sandy forgot locking the door.
샌디는 문을 잠근 걸 까먹었어.

Sandy forgot to lock the door.
샌디는 문을 잠가야 하는 걸 까먹었어.

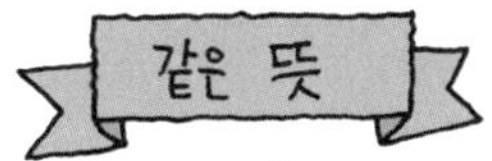

Sandy loves walking.
그녀는 걷는 걸 매우 좋아해.

Sandy loves to walk.
그녀는 걷는 걸 매우 좋아해.

그림에서 본 것처럼 동사의 목적어로 동명사와 to부정사 모두 쓸 수 있는데, 어떤 동사는 둘 다 뜻이 같고, 어떤 동사는 뜻이 완전히 달라져. 예를 들어, forget과 remember는 뒤에 오는 동명사와 to부정사의 뜻이 달라지고, love와 hate은 뒤에 오는 동명사와 to부정사가 같은 뜻이 돼.

보기에서 해당하는 동사들을 모두 고르세요.

보기 | forget love hate remember

1. 동명사와 to부정사 둘 다 목적어로 올 수 있고, 같은 뜻이 되는 동사 ________
2. 동명사와 to부정사를 쓸 때 서로 다른 뜻이 되는 동사 ________

정답 1. love, hate 2. forget, remember

동사원형 + ing

동명사는 명사의 대역 배우!

love(사랑하다)는 to부정사와 동명사 둘 다 똑같이 사랑해. love의 목적어로 둘 다 같은 뜻이 된다는 거지.

■ 동명사와 to부정사를 둘 다 목적어로 취하는 동사

다음 두 문장의 해석은 완전 똑같아!

Sandy **loves playing** online games. = Sandy **loves to play** online games.
샌디는 온라인 게임하는 것을 완전 좋아한다.

I **prefer drinking** coffee. = I **prefer to drink** coffee.
나는 커피 마시는 것을 선호한다.

동명사와 to부정사를 둘 다 목적어로 취하는 동사

크게 보면 두 계열 단어들이니 외우기 어렵지 않아!

1. 일을 의도하고 시작하고 진행하는 동사류
   intend 의도하다, 작정하다 begin 시작하다 start 시작하다 continue 계속하다
   ← 시작하려면 의도가 있어야 함!

2. 좋아하고 싫어하는 동사류
   like 좋아하다 love 사랑하다(완전 좋아하다) prefer 선호하다(더 좋아하다) hate 싫어하다

■ to부정사와 동명사를 쓸 때 의미가 달라지는 동사

일일이 외울 필요는 없고 ing가 붙으면 과거의 느낌, to가 붙으면 미래의 느낌이 든다는 것만 기억하면 돼!

1. forget + 동명사: ~한 것을 잊다 / forget + to부정사: ~할 것을 잊다

   Sandy **forgot locking** the door. 샌디는 (이미) 문을 잠갔다는 것을 잊었다.

   Sandy **forgot to lock** the door. 샌디는 문을 잠가야 하는 것을 잊었다.

2. remember + 동명사: ~한 것을 기억하다 / remember + to부정사: ~할 것을 기억하다

   Phil **remembered kissing** her at the beach. 필은 해변에서 그녀에게 키스한 것을 기억했다.

   Phil **remembered to kiss** her at the beach. 필은 해변에서 그녀에게 키스할 것을 기억했다.

3. try + 동명사: 시험 삼아 ~을 해 보다 / try + to부정사: ~하려고 노력하다, 애쓰다

try는 다음 문장을 외워 두자!

   I **tried opening** the gate. 나는 그 문을 열려고 시도했다. ← 가볍게 한번 시도한 느낌.

   I **tried to open** the gate. 나는 그 문을 열기 위해 노력했다. ← 애썼다는 느낌.

   I **tried pleasing** her. 나는 그녀를 기쁘게 하려고 시도했다. ← 가볍게 한번 시도한 느낌.

   I **tried to please** her 나는 그녀를 기쁘게 하기 위해 노력했다. ← 애썼다는 느낌.

4. stop + 동명사: ~하는 것을 멈추다 / stop + to부정사: ~하기 위해 멈추다

   He **stopped telling** her the story. (예: 뒷담화하다가 주인공이 갑자기 들어와) 그는 그녀에게 그 이야기를 하는 것을 멈췄다.

   He **stopped to tell** her the story. (길을 걷다가 얘기하려고 멈춘 것) 그는 그녀에게 그 이야기를 하기 위해 멈췄다.

■ 전치사의 목적어로 쓰인 동명사

apologize for + ~ing	~에 대해 사과하다	thank … for + ~ing	~에 대해 …에게 감사하다
be capable of + ~ing	~할 능력이 있다	feel like + ~ing	~하고 싶다
be in favor of + ~ing	~을 선호하다	succeed in + ~ing	~에 성공하다
be sorry for + ~ing	~에 대해 미안하다	use … for + ~ing	~하는 데 …를 쓰다
by + ~ing	~함으로써	without + ~ing	~하지 않고
instead of + ~ing	~대신에	prevent … from + ~ing	…가 ~하는 것을 막다

Thank you for your saying. 네가 그렇게 말해 주니 고맙다.
I am sorry for being late. 나는 늦은 것에 대해 미안하다.
He says goodbye without crying. 그는 울지 않고 작별한다.
I don't feel like studying now. 나는 지금 공부하고 싶지 않다.

■ 꼭 동명사가 따라오는 관용 표현들

이건 대책 없이 외워야 하는 것들이야. 문샘이 외우라면 그건 무조건 외우는 방법밖에 없는 것이니, 꼭 외워 둘 것!

be(get) used to + ~ing	~에 익숙해지다	go + ~ing	~하러 가다
be busy + ~ing	~하느라 바쁘다	look forward to + ~ing	~을 고대하다
be worth + ~ing	~할 가치가 있다	need + ~ing	~할 필요가 있다
cannot(can't) help + ~ing	~하지 않을 수 없다	spend + (시간/돈) + ~ing	~하느라 (시간, 돈을) 쓰다
have trouble + ~ing	~하는 데 어려움을 겪다	It is no use + ~ing	~해도 소용없다

I am used to staying here. 나는 여기 머무르는 데 익숙하다.
I can't help loving you. 나는 너를 사랑하지 않을 수 없다.
She goes skiing tomorrow. 그녀는 내일 스키 타러 간다.
This movie is worth seeing. 이 영화를 볼 만한 가치가 있다.

■ 동명사 표로 정리하기

A. 동명사와 to부정사를 둘 다 목적어로 취하는 동사

1. 일을 의도하고 시작하고 진행하는 동사류

_______ 의도하다, 작정하다 _______ , _______ 시작하다 _______ 계속하다

2. 좋아하고 싫어하는 동사류

like 좋아하다 love 사랑하다(완전 좋아하다) _______ 선호하다(더 좋아하다) hate 싫어하다

B. 동명사와 to부정사를 쓸 때 의미가 달라지는 동사

1. forget + (   ): ~한 것을 잊다 / forget + to부정사: ~할 것을 잊다
2. remember + 동명사: ~한 것을 기억하다 / remember + (   ): ~할 것을 기억하다
3. try + (   ): 시험 삼아 ~을 해 보다 / try + to부정사: ~하려고 노력하다, 애쓰다

정답 A. 1. intend, begin, start, continue 2. prefer B. 1. 동명사 2. to부정사 3. 동명사

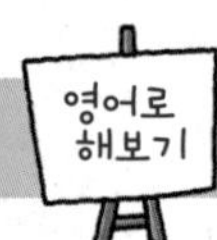

1 제시된 동사를 동명사나 to부정사 형태로 바꾸어 빈칸에 쓰세요.

1. I remember ______ you before. 나는 전에 너를 만났던 것을 기억한다. meet

   I remember ______ you next week. 나는 다음 주에 너를 만날 것을 기억한다.

2. He stopped ______ flowers to me. 그는 나에게 꽃들을 주기 위해 멈췄다. give

   He stopped ______ flowers to me. 그는 나에게 꽃들을 주는 것을 멈췄다.

3. Don't forget ______ the door. 문 잠그는 것을 잊지 마라. lock

   I forgot ______ the door. 나는 문을 잠갔다는 것을 잊었다.

영어로 해보기

2 제시된 동사를 이용해서 우리말에 맞게 문장을 완성하세요.

> 동명사를 꼭 써야 하는 관용적인 표현들을 생각하며 문제를 풀어 보자! 그리고 전치사 뒤에 동사를 쓰고 싶을 때는 동명사로 써야 한다는 거 잊지 마.

1. 나는 너무 늦은 것에 대해 미안하다. be

   ➡ I ______ ______ for ______ too late.

2. 그는 작별의 말도 하지 않고 집을 떠났다. say

   ➡ He left home ______ ______ goodbye.

3. 나는 너를 다시 만나기를 고대하고 있다. see

   ➡ I am looking ______ to ______ you again.

4. 너의 컴퓨터는 수리할 필요가 있다. fix

   ➡ Your computer ______ ______.

5. 그녀는 온라인 게임하는 데 많은 시간을 소비한다. play

   ➡ She ______ a lot of time ______ online games.

6. 이 영화는 볼 만한 가치가 있다. see

   ➡ This movie is ______ ______.

7. 그녀는 그 불쌍한 고양이를 돌보지 않을 수 없다. take

   ➡ She cannot ______ ______ care of the poor cat.

8. 대니는 그 시험을 준비하느라고 바쁘다. prepare

   ➡ Danny is ______ ______ for the examination. (prepare for: '준비하다'라는 뜻.)

9. 나는 오늘은 더 이상 공부하고 싶지 않다. study

   ➡ I don't ______ like ______ any more today.

10. 어떤것도 우리가 그의 콘서트에 가는 것을 막을 수 없다. go

    ➡ Nothing can ______ us from ______ to his concert.

Memorization 우리말을 보고 동명사를 이용해서 영어 문장이나 관용 표현을 완성하세요.

1. 나는 온라인 게임하는 것을 완전 좋아한다. ➡ ______ ______ ______ online games.
2. 나는 온라인 게임하는 것을 선호한다. ➡ ______ ______ ______ online games.
3. 나는 온라인 게임하는 것을 싫어한다. hate ➡ ______ ______ ______ online games.
4. 나는 온라인 게임을 할 작정이다. ➡ ______ ______ ______ online games.
5. 나는 온라인 게임을 하기 시작한다. start ➡ ______ ______ ______ online games.
6. 나는 온라인 게임을 하기 시작한다. begin ➡ ______ ______ ______ online games.
7. 나는 온라인 게임하는 것을 계속한다. ➡ ______ ______ ______ online games.
8. 샌디는 문을 잠갔다는 것을 잊었다. ➡ Sandy ______ ______ the door.
9. 샌디는 문을 잠가야 하는 것을 잊었다. ➡ Sandy ______ ______ ______ the door.
10. 필은 그녀에게 키스한 것을 기억했다. ➡ Phil ______ ______ ______ .
11. 필은 그녀에게 키스할 것을 기억했다. ➡ Phil ______ ______ ______ ______ .
12. 나는 그 문을 열려고 시도했다. ➡ ______ ______ ______ the gate.
13. 나는 그 문을 열기 위해 노력했다. ➡ ______ ______ ______ ______ the gate.

14. ~에 대해 사과하다 ➡ ______
15. ~할 능력이 있다 ➡ ______
16. ~을 선호하다 ➡ ______
17. ~에 대해 미안하다 ➡ ______
18. ~함으로써 ➡ ______
19. ~대신에 ➡ ______
20. ~에 대해 …에게 감사하다 ➡ ______
21. ~하고 싶다 ➡ ______
22. ~에 성공하다 ➡ ______
23. ~하는 데 …를 쓰다 ➡ ______
24. ~하지 않고 ➡ ______
25. …가 ~하는 것을 막다 ➡ ______
26. ~에 익숙해지다 ➡ ______
27. ~하느라 바쁘다 ➡ ______
28. ~할 가치가 있다 ➡ ______
29. ~하지 않을 수 없다 ➡ ______
30. ~하는 데 어려움을 겪다 ➡ ______
31. ~하러 가다 ➡ ______
32. ~을 고대하다 ➡ ______
33. ~할 필요가 있다 ➡ ______
34. ~하느라 (시간, 돈을) 쓰다 ➡ ______
35. ~해도 소용없다 ➡ ______

복습 21~22과 동명사 총정리

21 동명사의 형식과 의미 동사에서 시작해서 명사로 변하는 카멜레온!

A: 동명사(동사원형 + ing): ~하는 것, ~하기	
문장에서 맡은 역할 주어 ~하는 것은	Fishing is a very intelligent sport. 낚시하는 것은 아주 지적인 운동이다. ________ 1 your own meal might be the best way to enjoy the food. 너의 식사를 직접 요리하는 것은 음식을 즐기는 최고의 방법일 것이다.
( ) 2 ~하는 것(이다)	One of the most extreme sports is cliff ________ 3. 가장 극한의 스포츠 중의 하나는 암벽 다이빙을 하는 것이다. The best way to enjoy summer must be ________ 4 in the ocean. 여름을 즐기는 최고의 방법은 바다에서 수영하는 것이 틀림없다.
( ) 5 ~하는 것을	I enjoy ________ 6 in the rain. 나는 비 맞으며 춤추는 것을 즐긴다. I ________ 7 dancing in the rain. 나는 비 맞으며 춤추는 것을 제안한다.

B: 동명사를 목적어로 취하는 동사 '파커 씨와 나'의 이야기를 떠올리며 정리해 보자!

dislike	1	5	부인하다	9	즐기다
2	꺼리다	stop	6	10	상상하다
3	피하다	7	끝내다	11	고려하다
postpone / put off	4	8	제안하다	practice	12

22 동명사의 활용 명사가 하는 건 다 하는, 명사의 대타!

A. 동명사와 to부정사를 둘 다 목적어로 취하는 동사

1. 일을 의도하고 시작하고 진행하는 동사류

________ 의도하다, 작정하다 ________ , ________ 시작하다 ________ 계속하다

2. 좋아하고 싫어하는 동사류

like 좋아하다 love 사랑하다(완전 좋아하다) ________ 선호하다(더 좋아하다) hate 싫어하다

B. 동명사와 to부정사를 쓸 때 의미가 달라지는 동사

1. forget + (　　　): ~한 것을 잊다 / forget + to부정사: ~할 것을 잊다
2. remember + 동명사: ~한 것을 기억하다 / remember + (　　　): ~할 것을 기억하다
3. try + (　　　): 시험 삼아 ~을 해보다 / try + to부정사: ~하려고 노력하다, 애쓰다

다음 문제를 읽고 답을 쓰세요.

1 제시된 단어들을 보기와 같이 알맞은 형태로 고쳐서 빈칸에 쓰세요.

보기 | play online games
A: Do you love to play online games? Do you love playing online games?
너는 온라인 게임하는 것을 좋아하니?
B: No. I hate to play online games. No. I hate playing online games.
아니, 나는 온라인 게임하는 것을 싫어해.

1. swim in the ocean
   A: Does she love ______? Does she love ______?
   B: No. She hates ______. No. She hates ______.
2. go fishing with him
   A: Do you love ______? Do you love ______?
   B: No. I hate ______. No. I hate ______.
3. travel by car
   A: Do they love ______? Do they love ______?
   B: No. They hate ______. No. They hate ______.
4. eat Chinese food
   A: Does Tom love ______? Does Tom love ______?
   B: No. He hates ______. No. He hates ______.

해석 1. A: 그녀는 바다에서 수영하는 것을 좋아하니? B: 아니. 그녀는 바다에서 수영하는 것을 싫어해. 2. A: 너는 그와 낚시하러 가는 것을 좋아하니? B: 아니, 나는 그와 낚시하러 가는 것을 싫어해. 3. A: 그들은 차로 여행하는 것을 좋아하니? B: 아니. 그들은 차로 여행하는 것을 싫어해. 4. A: 톰은 중국 음식 먹는 것을 좋아하니? B: 아니. 그는 중국 음식 먹는 것을 싫어해.

2 괄호 안에 알맞은 것을 고르세요.

1. Thank you for (to come, coming) here. 여기에 와 주셔서 감사합니다.
2. He enjoys (to cook, cooking) his meals. 그는 그의 음식을 요리하는 것을 즐긴다.
3. Jim decided (to walk, walking) to school. 짐은 학교까지 걸어가기로 결심했다.
4. I forgot (to bring, bringing) my umbrella. 나는 내 우산을 가지고 오는 것을 잊어버렸다.
5. She remembers (to send, sending) him an email. 그녀는 그에게 이메일을 보낸 것을 기억한다.
6. Dan stopped (to call, calling) his friend. 댄은 그의 친구에게 전화를 걸기 위해 멈추었다.

3 다음 밑줄 친 동명사의 역할을 보기에서 골라 쓰세요.

보기 | 주어　목적어　보어

1. **Getting up early** is a good habit. (　　　) 일찍 일어나는 것은 좋은 습관이다.

2. Mary enjoyed **playing** the piano. (　　　) 메리는 피아노 연주하는 것을 즐겼다.

3. Seeing is **believing**. (　　　) 보는 것이 믿는 것이다.

4. Her hobby is **listening** to music. (　　　) 그녀의 취미는 음악을 듣는 것이다.

5. My father must stop **smoking**. (　　　) 나의 아버지는 담배를 끊어야 한다.

6. **Speaking** Chinese is not easy. (　　　) 중국어로 말하기는 쉽지 않다.

4 보기에서 알맞은 동사를 동명사로 바꿔 문장을 완성하세요.

보기 | take　play　lock　meet　go　become　cook

1. ________ the guitar is very fun. 기타를 치는 것은 매우 재미있다.

2. She forgot ________ the door in the morning. 그녀는 아침에 문을 잠근 것을 잊었다.

3. ________ a walk is his favorite hobby. 산책을 하는 것은 그가 가장 좋아하는 취미다.

4. Sam disliked ________ to the amusement park. 샘은 놀이공원에 가는 것을 싫어했다.

5. My dream is ________ a famous singer. 내 꿈은 유명한 가수가 되는 것이다.

6. Tony loves ________ his meal every day. 토니는 매일 그의 식사를 요리하는 것을 정말 좋아한다.

7. I remember ________ him yesterday. 나는 어제 그를 만난 것을 기억한다.

5 제시된 동사를 알맞은 형태로 고쳐서 쓰세요.

1. Jenny decided ______ next year. get married

2. They want him ______ on a diet. go

3. He considers ______ a new job. get

4. Sam is thinking about ______ a new cellphone. buy

5. I promised not ______ a lie again. tell

6. Would you mind ______ the salt? pass

7. We usually enjoy ______ the museum. visit

8. It is no use ______ over spilt milk. cry

9. Don't you feel like ______ basketball? play

10. We plan ______ to Canada. move

11. I am looking forward to ______ from you. hear

12. Don't forget ______ a letter to me soon. write

13. Thank you for ______ me to your party. invite

14. He agreed ______ our club from next semester. join

15. Jim expects his mother ______ him ______ at the airport. pick up

소화제 투입

필수 단어 & 숙어
spilt 쏟아진, 엎지른
pick (somebody) up ~를 (차에) 태우다

해석 1. 제니는 내년에 결혼하기로 결정했다. 2. 그들은 그가 다이어트를 하기를 원한다. 3. 그는 새 직업을 갖는 것을 고려한다. 4. 샘은 새 휴대폰 사는 것을 생각해 보고 있다. 5. 나는 다시는 거짓말을 하지 않기로 약속했다. 6. 그 소금 좀 건네줄래요? 7. 우리는 보통 박물관에 가는 것을 즐긴다. 8. 엎질러진 우유를 놓고 울어도 소용없다. 9. 너는 농구하고 싶지 않니? 10. 우리는 캐나다로 이주할 계획이다. 11. 나는 너의 소식을 듣기를 고대하고 있다. 12. 빨리 나에게 편지 보내는 것을 잊지 마. 13. 나를 너의 파티에 초대해 줘서 고마워. 14. 그는 다음 학기부터 우리 동아리에 합류하기로 했다. 15. 짐은 그의 엄마가 공항에서 그를 태울 것으로 예상한다.

Appendix 덧붙이기

표로 정리하는 동사의 활용

규칙 동사 격식 있는 동사는 규칙적으로 변한다.

어미	과거형	예
대부분	-ed	designed, scratched, bowed, aimed, appointed, avoided, accomplished, maintained, downloaded, mixed, succeeded
e로 끝나면	-d	arranged, challenged, agreed, declared, changed, proved, dyed, approved, completed
『자음 + y』로 끝나면	y를 빼고 -ied	cried, envied, tried, applied, classified, carried, fried, satisfied, copied
『모음 + y』로 끝나면	-ed	played, stayed
『단모음 + 단자음』으로 끝나면	자음 겹쳐 쓰고 -ed	jogged, grabbed, dropped, wrapped, ripped, stopped, clapped, tapped, hugged

불규칙 동사 7살도 자주 쓰는 영어 동사는 불규칙하게 변한다.

동사원형 = 과거형 = 과거분사형	뜻	동사원형 (현재)	과거형	과거분사형
1. A - A - A형 (동사원형, 과거형, 과거분사형이 모두 같은 동사)	내기하다, 걸다	bet	bet	bet
	시도하다, 입찰하다	bid	bid	bid
	방송하다, 널리 알리다	broadcast	broadcast	broadcast
	(돈, 시간 등이) 들다	cost	cost	cost
	자르다	cut	cut	cut
	치다	hit	hit	hit
	다치게 하다	hurt	hurt	hurt
	~하게 하다	let	let	let
	놓다	put	put	put
	읽다	read	read	read
	놓다	set	set	set
	닫다	shut	shut	shut

과거형 = 과거분사형

2. A - B - B형 (과거형, 과거분사형이 같은 동사)

뜻	동사원형 (현재)	과거형	과거분사형
구부리다	bend	bent	bent
가져오다, 데려오다	bring	brought	brought
(건물을) 짓다	build	built	built
사다	buy	bought	bought
태우다	burn	burned / burnt	burned / burnt
잡다	catch	caught	caught
파다	dig	dug	dug
꿈꾸다	dream	dreamed / dreamt	dreamed / dreamt
먹이다	feed	fed	fed
느끼다	feel	felt	felt
싸우다	fight	fought	fought
찾다	find	found	found
매달다	hang	hung	hung
가지다	have	had	had
듣다	hear	heard	heard
쥐다	hold	held	held
유지하다	keep	kept	kept
눕히다	lay	laid	laid
이끌다	lead	led	led
떠나다	leave	left	left
잃다	lose	lost	lost
만들다	make	made	made
만나다	meet	met	met
지불하다	pay	paid	paid
가르치다	teach	taught	taught
말하다	tell	told	told
생각하다, 생각나다	think	thought	thought
말하다	say	said	said
팔다	sell	sold	sold
이기다	win	won	won

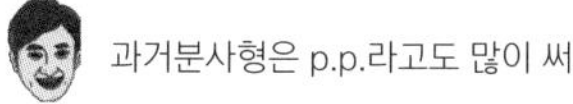

동사원형 ≠ 과거형 ≠ 과거분사형	뜻	동사원형 (현재)	과거형	과거분사형
3. A - B - C형 (동사원형, 과거형, 과거분사형이 모두 다른 동사)	깨우다	awake	awoke	awoken
	이다, 있다	be (am, are, is)	was, were	been
	낳다	bear	bore	born
	시작하다	begin	began	begun
	물다, 씹다	bite	bit	bitten
	불다, 풀다	blow	blew	blown
	부수다, 파괴하다	break	broke	broken
	고르다	choose	chose	chosen
	하다	do	did	done
	그리다, 끌다	draw	drew	drawn
	운전하다, 몰아붙이다	drive	drove	driven
	마시다	drink	drank	drunk
	먹다	eat	ate	eaten
	떨어지다	fall	fell	fallen
	날다	fly	flew	flown
	잊다	forget	forgot	forgotten
	용서하다	forgive	forgave	forgiven
	얼다	freeze	froze	frozen
	얻다	get	got	got / gotten
	주다	give	gave	given
	가다	go	went	gone
	자라다	grow	grew	grown
	숨다, 숨기다	hide	hid	hidden
	보다	see	saw	seen
	쓰다	write	wrote	written

	뜻	동사원형 (현재)	과거형	과거분사형
4. 기타 A - A - B / A - B - A형 (원형, 과거형이 같거나 원형, 과거분사형이 같은 동사)	때리다, 두드리다	beat	beat	beaten
	~이 되다	become	became	become
	오다	come	came	come

문단열의

중학 영문법 소화제 2

정답

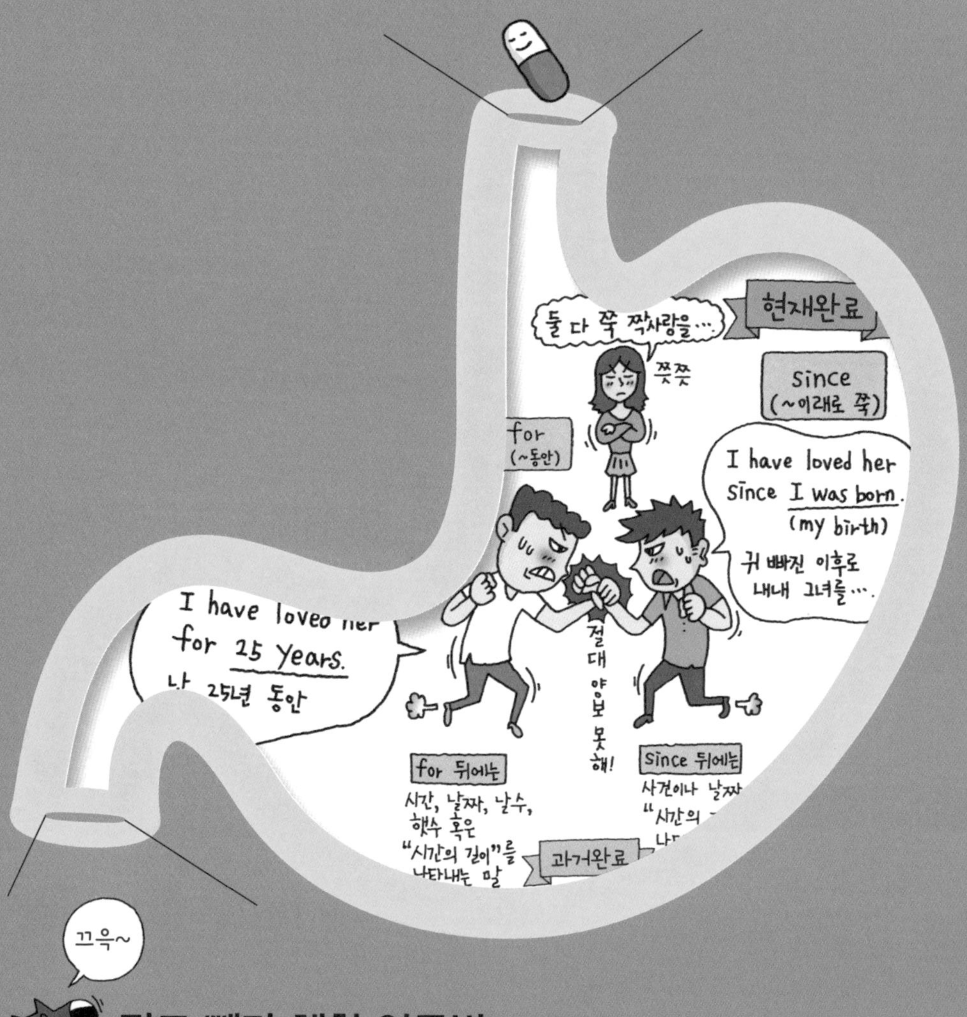

진도 빼다 체한 영문법
사이다처럼 **뻥** 뚫린다!

01과 조동사 1 14쪽

우리말로 시작하기

1. can 2. can't 3. can 4. couldn't 5. could

영어로 해보기 1

1. can 2. ride 3. cannot(can't) 4. swim 5. help

영어로 해보기 2

1. I can't speak Chinese.
2. Can Jane make sandwiches?
3. Can't he ride a bicycle?
4. You could solve the question.
5. Can't we go on a picnic?
6. You can play the piano.

Memorization

1. I can swim. Can I swim? I can't swim. Can't I swim?
2. You can swim. Can you swim? You can't swim. Can't you swim?
3. He can swim. Can he swim? He can't swim. Can't he swim?
4. She can swim. Can she swim? She can't swim. Can't she swim?
5. It can swim. Can it swim? It can't swim. Can't it swim?
6. They can swim. Can they swim? They can't swim. Can't they swim?
7. We can swim. Can we swim? We can't swim. Can't we swim?

그림으로 기억하기

1. He is able to swim. 2. May I use your cellphone?

02과 조동사 2 19쪽

우리말로 시작하기

1. used to 2. could 3. cannot 4. may 5. would rather

영어로 해보기

1. can, can't 2. may, may not 3. used to, used not to 또는 didn't use to
4. can, can't 5. would rather, would rather not
6. will, won't 7. should, shouldn't 8. could, couldn't
9. had better, had better not 10. will, won't
11. would rather, would rather not

Memorization

1. Sam used to be a good cook.
2. He could cook all kinds of foods.
3. But after he got married he couldn't cook any more.
4. Because his wife doesn't want him to cook.
5. He thinks he had better watch her cook.
6. He can cook but he would rather help her cook.
7. He may cook on Sundays.
8. Or he might cook on holidays.
9. Or he will cook if she is sick.
10. Jane used to be a bad cook.
11. She couldn't cook any kinds of foods.
12. But after she got married she couldn't just sit and eat any more.
13. Because she felt sorry for her husband.
14. She thinks she had better cook for him.
15. She can't cook very well but she'd better give it a try.
16. She may relax on Sundays.

03과 조동사 3 24쪽

우리말로 시작하기

1. 현재 2. 미래 3. 현재 4. 과거 5. 미래

영어로 해보기

1. She will get up early tomorrow.
2. My friends will come to play with us.
3. Will we go shopping?
4. I won't read today.
5. He will eat his favorite food.
6. They won't buy the house.
7. Joshua sprained his wrist.
8. Will my brother go to the clinic?

9. I won't study with him any more.
10. Won't he want to go out?
11. Will she really pray for me?
12. My boyfriend will make a lunch box for me.
13. They will enjoy the party.
14. We won't have a good time.
15. Won't you play basketball with me?

Memorization

1. I will get up early this weekend.
2. Because my uncle will come to play with us.
3. Will we go fishing again as we did last month?
4. Yes, we will and we will also go to our favorite restaurant.
5. But we won't go bowling like the month before.
6. Because my uncle sprained his ankle.
7. Will he go see a doctor? Of course, he will.
8. I won't go to the clinic with him
9. But I will pray for him.
10. Mom will make a lunch box for us and we will enjoy it.
11. Will we go out and have a good time with him for good?
12. Yes, we will. At least I hope so.

그림으로 기억하기

1. I will get up early.
2. I won't play games.
3. I will study hard.

04과 조동사 4 29쪽

우리말로 시작하기

1. will 2. would 3. would rather
4. would 5. will 6. would like

영어로 해보기 1

1. Would you do me a favor?
2. Would you like some milk?
3. Would you open the door?
4. I would like to talk to you.
5. Would you like to dance with me?
6. Would you pass me the salt?

영어로 해보기 2

1. I would rather live in the suburbs.
2. Would you open the window?
3. Would you like some juice?
4. Would you like to go shopping on Sunday?
5. I would go to the amusement park tomorrow.

Memorization

1. Would you live in the city?
2. No, I wouldn't. I would live in the suburbs.
3. Would you give me a hand?
4. Sure. I would. Any time.
5. Would you like some water?
6. Yes, please. And I would like some ice-cream, too.
7. Would you like to go to the amusement park?
8. No, I would rather go to the swimming pool.

그림으로 기억하기

1. will 2. would

05과 조동사 5 35쪽

영어로 해보기 1

1. should 2. must 3. should 4. must 5. should
6. should be 7. must be 8. don't have to 9. must not
10. must not

영어로 해보기 2

1. You don't have to get some rest.
2. She can't be an actress.
3. We don't have to write the report.
4. He can't be mad at me.

Memorization

1. Should you walk to work?
2. Right. I should walk to work today.
3. You must turn in the paper by tomorrow.

4. Got it.
5. I will.
6. You should be Mr. Tolkin.
7. No, you are mistaken.
8. He should be Mr. Tolkin.
9. She must be the one.
10. No, she can't be the one.
11. She is 89 years old.

그림으로 기억하기

1. should 2. must

06과 조동사 6 40쪽

영어로 해보기 1

1. have to 2. will have to 3. has to 4. had to
5. have to 6. will have to 7. had to

영어로 해보기 2

1. He used to go to church on Sundays.
2. They used to get some rest on weekends.
3. She used to travel abroad on her vacation.
4. We used to watch movies in winter.
5. I used to have a party on my birthday.

Memorization

1. I have to do that. 2. You have to do that.
3. He has to do that. 4. She has to do that.
5. It has to do that. 6. They have to do that.
7. We have to do that. 8. Do I have to do that?
9. Do you have to do that? 10. Does he have to do that?
11. Does she have to do that? 12. Does it have to do that?
13. Do they have to do that? 14. Do we have to do that?
15. I don't have to do that. 16. You don't have to do that.
17. He doesn't have to do that. 18. She doesn't have to do that.
19. It doesn't have to do that. 20. They don't have to do that.
21. We don't have to do that. 22. Don't I have to do that?
23. Don't you have to do that? 24. Doesn't he have to do that?
25. Doesn't she have to do that? 26. Doesn't it have to do that?
27. Don't they have to do that? 28. Don't we have to do that?

07과 조동사 7 44쪽

우리말로 시작하기

1. don't 2. does 3. does 4. didn't 5. had better 6. don't

영어로 해보기 1

1. do, do 2. don't, do 3. do, does 4. does, didn't
5. didn't, did 6. Do, do 7. Didn't, didn't

영어로 해보기 2

1. You had better not go shopping.
   You had better go swimming.
2. She had better not take a bus.
   She had better take a subway.
3. You had better not meet me in the morning.
   You had better meet me in the evening.

Memorization

1. I love to eat McDonald's ice-cream.
2. So do I.
3. What about Jim?
4. Does he like McDonald's ice-cream, too?
5. No, he doesn't.
6. He hates cold foods.
7. Actually, you had better not eat anything cold for health.
8. Does it really harm your body?
9. It does give you a bad impact especially in winter.
10. I didn't know that.

그림으로 기억하기

1. 조동사 2. 대동사 3. 대동사 4. 강조 용법 5. 조동사

복습 01~07과 47쪽

01과 조동사 1

1. You can swim. 2. She can swim. 3. Can he swim?
4. Can we swim? 5. She can't swim. 6. We can't swim.

7. Can't you swim? 8. Can't she swim?

02과 조동사 2

1. can 2. may 3. might 4. will
5. ~해야 한다 6. ~하곤 했다 7. had better

03과 조동사 3

1. You will do that. 2. We will do that.
3. Will you do that? 4. Will she do that?
5. He won't do that. 6. Won't you do that?
7. Won't she do that?

04과 조동사 4

1. He would do that. 2. We would do that.
3. Would he do that? 4. Would we do that?
5. You wouldn't do that. 6. She wouldn't do that.
7. Wouldn't he do that?

05과 조동사 5

1. You should do that. 2. It should do that.
3. Should he do that? 4. You shouldn't do that.
5. It shouldn't do that. 6. Shouldn't he do that?
7. He must do that. 8. They must do that.
9. Must you do that? 10. Must it do that?
11. He mustn't do that. 12. They mustn't do that.
13. Mustn't it do that?

06과 조동사 6

1. You have to do that. 2. He has to do that.
3. Does it have to do that? 4. Do we have to do that?
5. You don't have to do that. 6. He doesn't have to do that.
7. Doesn't it have to do that?

07과 조동사 7

1. You'd better do that. 2. It'd better do that.
3. She'd better not do that. 4. We'd better not do that.

소화하기

1

1. he must go out. he doesn't have to. He can play inside.
2. you must get up early. you don't have to. You can get up late.
3. she must do exercises. she doesn't have to. She can get some rest.
4. I must go to the museum. I don't have to. I can go to the library.
5. we must finish it now. we don't have to. We can finish it by today.
6. he must go to the hospital. he doesn't have to. He can go to the clinic.
7. they must sing. they don't have to. They can dance.

2

1. He can't solve the problem.
2. It doesn't give you a bad impact.
3. She doesn't have to leave now.
4. I shouldn't eat vegetables.
5. You'd better not eat anything cold.
6. Can he solve the problem?
7. Does it give you a bad impact?
8. Does she have to leave now?
9. Should I eat vegetables?

3

1. We had better not go to the movies. We would rather go to the park.
2. We had better not play baseball. We would rather play soccer.
3. They had better not eat Chinese food. They would rather eat Italian food.
4. They had better not go on a picnic. They would rather stay home.
5. I had better not do my homework now. I would rather do my homework later.

08과 현재완료 1 54쪽

영어로 해보기 1

1. Has she visited to Paris?
2. She has lived in Paris for 10 years.
3. He has just finished his semester.
4. Sam has gone to China.
5. I have lost my cellphone.
6. It has been hot since yesterday.
7. You haven't talked to him for a long time.
8. He has saved money since last year.

영어로 해보기 2

1. great, haven't taken 2. good, haven't traveled

3. amazing, haven't lived 4. fantastic, haven't sung

Memorization

1. I have made it. 2. You have made it.
3. He has made it. 4. She has made it.
5. It has made it. 6. They have made it.
7. We have made it. 8. Have I made it?
9. Have you made it? 10. Has he made it?
11. Has she made it? 12. Has it made it?
13. Have they made it? 14. Have we made it?
15. I haven't made it. 16. You haven't made it.
17. He hasn't made it. 18. She hasn't made it.
19. It hasn't made it. 20. They haven't made it.
21. We haven't made it. 22. Haven't I made it?
23. Haven't you made it? 24. Hasn't he made it?
25. Hasn't she made it? 26. Hasn't it made it?
27. Haven't they made it? 28. Haven't we made it?

현재완료 2 58쪽

우리말로 시작하기

1. since 2. for 3. since 4. since 5. for

영어로 해보기 1

1. They have known each other for three years.
2. I have been interested in it since 2016.
3. He has been a doctor for twenty years.
4. He has had a headache since last night.
5. We have lived in this house for ten years.
6. It has been sick since yesterday.
7. They have been married since 2000.

영어로 해보기 2

1. I have swum for 5 years.
2. They have played the cello for 8 years.
3. He has taught history since 2010.

Memorization

1. I have practiced yoga for a long time.
2. I know. Since when have you taught yoga then?
3. I have taught yoga since 2010.
4. I did yoga for 10 years before.
5. You did yoga before?
6. I didn't know that.
7. But I stopped doing it in 2010.
8. I hope we can practice yoga together.

그림으로 기억하기

1. ~동안 2. ~이래로 쭉 3. for 4. since

현재완료를 못 쓰는 경우 63쪽

우리말로 시작하기

1. 과거 2. 현재 3. 현재완료

영어로 해보기 1

1. has been 2. has been 3. were
4. have worked 5. got up 6. went

영어로 해보기 2

1. He was a taxi driver 10 years ago.
   He has been a taxi driver all his life.
2. You were busy 10 years ago.
   You have been busy all your life.
3. She worked very hard 10 years ago.
   She has worked very hard all her life.
4. She wasn't absent 10 years ago.
   She hasn't been absent all her life.

Memorization

1. I have been pretty. 2. You have been pretty.
3. He has been pretty. 4. She has been pretty.
5. It has been pretty. 6. They have been pretty.
7. We have been pretty. 8. Have I been pretty?
9. Have you been pretty? 10. Has he been pretty?
11. Has she been pretty? 12. Has it been pretty?
13. Have they been pretty? 14. Have we been pretty?
15. I haven't been pretty. 16. You haven't been pretty.
17. He hasn't been pretty. 18. She hasn't been pretty.
19. It hasn't been pretty. 20. They haven't been pretty.

21. We haven't been pretty. 22. Haven't I been pretty?
23. Haven't you been pretty? 24. Hasn't he been pretty?
25. Hasn't she been pretty? 26. Hasn't it been pretty?
27. Haven't they been pretty? 28. Haven't we been pretty?

11과 현재완료진행형 1 69쪽

영어로 해보기

1. I am studying Chinese. I have studied Chinese for 10 years. I have been studying Chinese for 10 years.
2. It is raining outside. It has rained outside for 3 days. It has been raining outside for 3 days.
3. He is teaching it. He has taught it since last year. He has been teaching it since last year.
4. He is working. He has worked since ten o'clock. He has been working since ten o'clock.
5. She is living in Seoul. She has lived in Seoul for a year. She has been living in Seoul for a year.
6. I am learning yoga. I have learned yoga since 2010. I have been learning yoga since 2010.
7. Dad is fixing his car. Dad has fixed his car for 2 hours. Dad has been fixing his car for 2 hours.
8. It is snowing. It has snowed since yesterday. It has been snowing since yesterday.

Memorization

1. I haven't been saying it.
2. You haven't been saying it.
3. He hasn't been saying it.
4. She hasn't been saying it.
5. It hasn't been saying it.
6. They haven't been saying it.
7. We haven't been saying it.
8. Haven't I been saying it?
9. Haven't you been saying it?
10. Hasn't he been saying it?
11. Hasn't she been saying it?
12. Hasn't it been saying it?
13. Haven't they been saying it?
14. Haven't we been saying it?

12과 현재완료진행형 2 73쪽

우리말로 시작하기

1. X 2. O 3. X 4. X 5. O

영어로 해보기 1

1. has 2. belongs 3. tastes 4. am having 5. think
6. is seeing 7. wants 8. has been studying
9. have known 10. respect 11. have been playing

영어로 해보기 2

1. I have like Michael for five years.
2. They have been playing basketball since morning.
3. He has had his own room since he was little.
4. I have admired my teacher so far.

Memorization

1. He has a nice car.
2. Her soup tastes good.
3. I think you're right.
4. He wants his own room.
5. I'm having lunch.
6. I'm thinking about you.
7. I'm seeing somebody.
8. I'm feeling fine.
9. I'm smelling the roses.

그림으로 기억하기

1. belongs 2. looks

13과 과거완료의 형식과 의미 79쪽

영어로 해보기 1

1. had left 2. had done 3. had lost

영어로 해보기 2

1. had drunken, drank 2. had taught, taught
3. had learned, learned 4. had had(eaten), had(ate)

5. had lived, lived 6. had drunken, had(ate)

Memorization

1. I had seen him. 2. You had seen him.
3. He had seen him. 4. She had seen him.
5. It had seen him. 6. They had seen him.
7. We had seen him. 8. I hadn't seen him.
9. You hadn't seen him. 10. He hadn't seen him.
11. She hadn't seen him. 12. It hadn't seen him.
13. They hadn't seen him. 14. We hadn't seen him.
15. Hadn't I seen him? 16. Hadn't you seen him?
17. Hadn't he seen him? 18. Hadn't she seen him?
19. Hadn't it seen him? 20. Hadn't they seen him?
21. Hadn't we seen him?

14과 과거완료진행형 83쪽

우리말로 시작하기

1. 현재완료진행 2. 현재완료진행 3. 현재완료진행
4. 과거완료진행 5. 과거완료진행 6. 현재완료진행

영어로 해보기

1. has been raining / had been raining
2. has been swimming / had been swimming
3. has been talking / had been talking
4. have been playing / had been playing
5. have been working / had been working
6. Has, been looking for / Had, been looking for
7. hasn't been eating / hadn't been eating
8. Haven't, been teaching / Hadn't, been teaching

Memorization

1. Had I been watching him?
2. Had you been watching him?
3. Had he been watching him?
4. Had she been watching him?
5. Had it been watching him?
6. Had they been watching him?
7. Had we been watching him?
8. Hadn't I been watching him?
9. Hadn't you been watching him?
10. Hadn't he been watching him?
11. Hadn't she been watching him?
12. Hadn't it been watching him?
13. Hadn't they been watching him?
14. Hadn't we been watching him?

복습 08~14과 86쪽

08과 현재완료 1

1. You have made it. 2. He has made it.
3. We have made it. 4. Has she made it?
5. Have they made it? 6. You haven't made it.
7. He hasn't made it. 8. We haven't made it.
9. Hasn't she made it? 10. Haven't they made it?

09과 현재완료 2

1. He has done it for a long time.
2. We have done it for a long time.
3. He has done it since 2010.
4. It has done it since 2010.

10과 현재완료를 못 쓰는 경우

1. You were sick two days ago.
2. We were sick two days ago.
3. I have been sick for two days.
4. He has been sick for two days.

11과 현재완료진행형 1

1. You say it. 2. He says it. 3. We say it.
4. He is saying it. 5. You said it. 6. We said it.
7. He was saying it. 8. We were saying it.
9. You have been saying it. 10. He has been saying it.
11. Have we been saying it? 12. He hasn't been saying it.
13. Haven't you been saying it?

12과 현재완료진행형 2

1. 소유 2. own 3. belong 4. 지각 5. smell 6. look
7. feel 8. appreciate 9. forget 10. know 11. think
12. 감정 13. admire 14. like 15. prefer 16. want
17. seem 18. consist 19. keep

13과 과거완료의 형식과 의미

1. He had seen him. 2. Had you seen him?

3. Had they seen him? 4. He hadn't seen him.

5. Hadn't you seen him? 6. Hadn't they seen him?

14과 과거완료진행형

1. We had been doing it. 2. Had he been doing it?

3. You hadn't been doing it. 4. We hadn't been doing it.

5. Hadn't I been doing it? 6. Hadn't you been doing it?

소화하기

1

1. studied / has studied / had studied / is studying / was studying / has been studying / had been studying
2. didn't read / hasn't read / hadn't read / isn't reading / wasn't reading / hasn't been reading / hadn't been reading
3. Did, play / Have, played / Had, played / Are, playing / Were, playing / Have, been playing / Had, been playing

2

1. has, been doing / has been taking a piano lesson
2. have, been doing / have been having a party
3. have, been doing / have been playing games
4. has, been doing / has been cleaning her house
5. have, been doing / have been waiting for Susan

3

1. had left / hadn't left / Had, left
2. had eaten / hadn't eaten / Had, eaten
3. had gone / hadn't gone / Had, gone
4. had started / hadn't started / Had, started

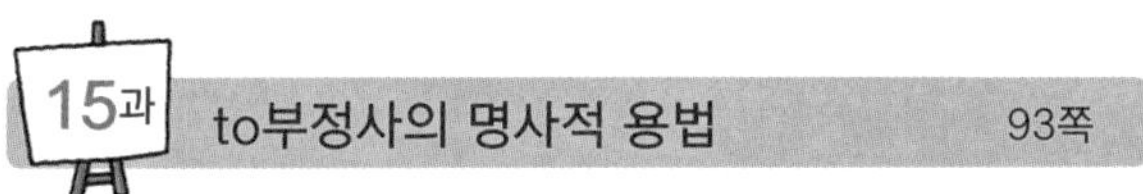

15과 to부정사의 명사적 용법 93쪽

영어로 해보기 1

1. She refused to dance with me. (목적어)
2. To think deeply is a good habit. (주어)
3. My wish is to say I love you. (보어)
4. I expect to go fishing. (목적어)
5. To work together is necessary. (주어)

영어로 해보기 2

1. to swim / to swim, to swim
2. to draw / to draw, to draw
3. to play the guitar / to play the guitar, to play the guitar
4. to ride a bike / to ride a bike, to ride a bike

Memorization

1. To see is important.
2. To think deeply is important.
3. To work together is important.
4. To be able to cook is important.
5. To say I love you is important.
6. To get ready for work is important.
7. Love is to say I am sorry.
8. Love is to respond.
9. Love is to look up to.
10. Love is to take care.
11. Love is to believe.
12. Love is to live.

그림으로 기억하기

1. to collect (보어) 2. To walk (주어)

16과 to부정사의 형용사적 용법 1 97쪽

우리말로 시작하기

1. 얘기할, 시간 2. 물어볼, 것 3. 할, 일

영어로 해보기 1

1. to say 2. to trust 3. to write

4. to finish 5. to talk 6. to say

영어로 해보기 2

1. Is there any book to read?
2. Mary has some money to lend me.
3. Does he have a problem to brood on?
4. They look for friends to play with.
5. I need someone reliable to trust.

Memorization

1. I have some money to spend.
2. I want some water to drink.

3. I need some work to do.
4. You need some free time to enjoy yourself.
5. She has kids to take care of.
6. They require some energy to finish the project.
7. I need a pen to write with.
8. Do you need some paper to write on?
9. They want more topics to talk about.
10. We have two kids to take care of.
11. I have no one to turn to.
12. Sam has a problem to brood on.

그림으로 기억하기

1. to get up 2. to go to school 3. to study English
4. to practice the piano 5. to go to bed

17과 to부정사의 형용사적 용법 2 102쪽

우리말로 시작하기

1. 운명, were 2. 의무, are 3. 예정, are
4. 의도, are 5. 가능, was 6. 예정, are

영어로 해보기 1

1. to be found 2. to have 3. to call 4. to meet 5. to lose

영어로 해보기 2

1. 오늘 저녁에 우리는 외식할 예정이다.
2. 그 고양이는 (자신의) 주인을 만나지 못할 운명이었다.
3. 나의 잃어버린 목걸이는 발견될 수 없었다.
4. 너는 시험에서 커닝해서는 안 된다.
5. 만약 네가 큰 돈을 벌려면, 용기를 내라.
6. 그들은 그 문제에 대한(대해) 회의를 할 예정이다.
7. 만약 네가 어떤 일에 성공하려면, 너는 네가 가지고 있는 것을 희생해야 한다.
8. 그 대통령은 내일 연설할 예정이다.
9. 어떤 사람도 공원에는 보이지 않았다.
10. 그 소녀는 15년 후에 그녀의 언니를 만날 운명이었다.

Memorization

1. We are to have a meeting at 5 p.m. tomorrow.
2. The lost son was not to be found.
3. The dog was to encounter its owner 1 years later.
4. You are not to run in the classroom.
5. If you are to make a fortune, you must risk what you have now.

그림으로 기억하기

1. are to 2. are not to 3. are to 4. are to 5. are not to

18과 to부정사의 부사적 용법 1 108쪽

영어로 해보기 1

1. to buy, 사기 위해 2. to see, 봐서(보게 되니)
3. to study, 공부하기 위해 4. to be, 됐다 5. to talk, 말하다니

영어로 해보기 2

1. She is strong enough to carry the heavy baggage.
2. Jim was too nervous to eat something.
3. This water is clean and fresh enough for us to drink.
4. This problem was too difficult for me to solve.

Memorization

1. I waved my hands to get his attention.
2. I waved my hands in order to get his attention.
3. I waved my hands so that I could get his attention.
4. I'm honored to meet you.
5. I'm pleased to meet you.
6. I'm happy to meet you.
7. I'm excited to meet you.
8. I'm delighted to meet you.
9. I'm glad to meet you.
10. I'm surprised to meet you.
11. I'm sorry to meet you.
12. I'm afraid to meet you.
13. I'm sad to meet you.
14. I'm disappointed to meet you.
15. This book is too difficult to understand.
16. This book is easy enough to understand.
17. This book is so difficult that I can't understand it.
18. This book is so easy that I can understand it.

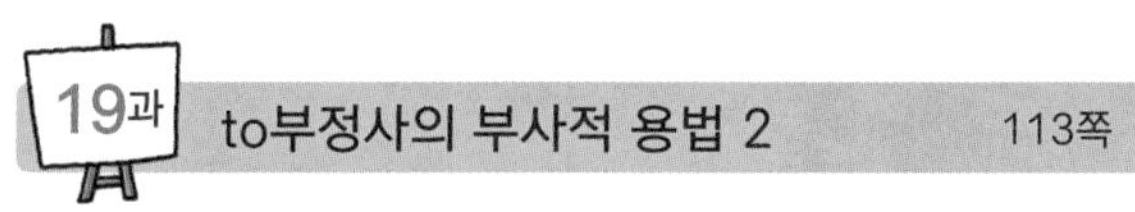

영어로 해보기 1

1. to be 2. to be 3. to act 4. to fail
5. to find 6. to talk 7. to understand

영어로 해보기 2

1. dance 2. knock 3. wave 4. go 5. dry-clean 6. touch

Memorization

1. John grew up to be a movie star.
2. Tim woke up to find himself famous.
3. We tried so hard only to fail.
4. You must be an idiot to talk like that.
5. You must've been an idiot to talk like that.
6. You cannot be my father to be so young.
7. You cannot have been my father to be so young.
8. I made him move his body.
9. I let him move his body.
10. I had him move his body.
11. I helped him move his body.
12. I saw her dance the night away.
13. I heard her dance the night away.
14. I felt her dance the night away.

그림으로 기억하기

1. was, to be 2. must, to talk 3. cannot, to be

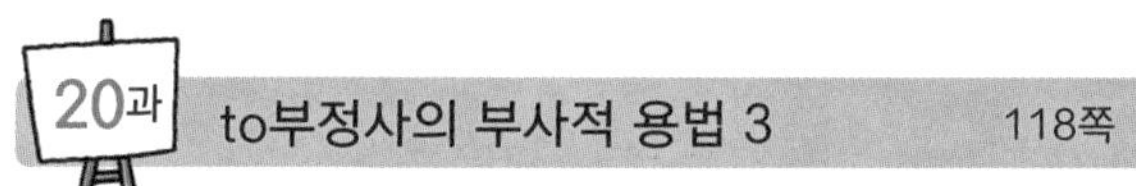

영어로 해보기 1

1. It is not easy for her to study Chinese.
2. He is wise of him to do so.
3. It's important for me to work out every day.
4. She finished the job for John to get some rest.
5. It was wise of him to do it.
6. It was very rude of him to say so.
7. It was very nice of him to help me.
8. It is very kind of her to say so.
9. You can do whatever you want if you want to.
10. It was foolish of you to do it.
11. They may go home if they want to.
12. He didn't do it because I told him not to.

영어로 해보기 2

1. They told me not to be late for school.
2. I decided not to leave for China.
3. They must be wise not to act like that.

Memorization

1. It is not easy for him to study Chinese.
2. It's important for Dad to work out every day.
3. I finished the job for Jane to get some rest.
4. It was very kind of you to say so.
5. It was bad of her to say so.
6. It was foolish of her to say so.
7. It was stupid of her to say so.
8. It was wise of her to say so.
9. It was silly of her to say so.
10. It was careless of her to say so.
11. It was reckless of her to say so.
12. It was cruel of her to say so.
13. It was clever of her to say so.
14. It was polite of her to say so.
15. It was rude of her to say so.
16. It was thoughtful of her to say so.
17. I can do whatever I want if I want to.
18. You may go home if you want to.
19. She didn't do it because I told her not to.
20. I did my best not to fail the exam.
21. I am so glad not to see you.
22. They must be wise not to act like that.
23. He promised never to lie again.
24. They told me not to be late for the meeting.

15과 to부정사의 명사적 용법

1. To think deeply is important.

2. To work together is important.

3. ~하는 것을 4. I want to dance. 5. I agree to dance.

6. 보어 7. Love is to respond. 8. Love is to look up to.

16과 to부정사의 형용사적 용법 1

1. to spend 2. to do 3. with 4. on 5. to trust

6. to play 7. Is it (about) time to 8. to hit

17과 to부정사의 형용사적 용법 2

1. are to 2. 가능 3. was to 4. 운명 5. was to

6. 의무 7. are not to 8. 의도 9. are to

18과 to부정사의 부사적 용법 1

1. to get 2. to meet 3. 원인 4. to see 5. to meet

6. 정도 7. so hard that I can't 8. so easy that I can

9. 판단 10. must be 11. to talk 12. 결과

13. to be 14. to be

19과 to부정사의 부사적 용법 2

1. woke up to 2. only to 3. 판단 4. to be

5. move 6. dance

20과 to부정사의 부사적 용법 3

1. for 2. of 3. to 4. not 5. never

소화하기

1

1. I am so poor that I can't buy a house.
2. I am rich enough to buy a house.
3. He is so short that he can't be a basketball player.
4. Jim is so funny that he can be a comedian.
5. She is too tired to go to a party.
6. I am tall enough to be a model.
7. You are so weak that you can't study all night.
8. He is so smart that he can act like that.
9. This book is too hard for me to understand.
10. This book is so easy that I can understand it.
11. The table is so heavy that she can't carry it.

2

1. I want something cold to drink.
2. I saw her work out all day.
3. Can I borrow a pen to write with?
4. It's time to get up.
5. He must be clever to answer the question.
6. We need someone reliable to turn to.
7. Jim made me open the window.
8. She tried very hard for the test only to fail.

3

1. It is not easy for him to study Chinese.
2. It was very kind of her to say so.
3. The question is too hard to answer.
4. It is very stupid of me to make the same mistake.
5. It was wise of you not to waste your money.
6. It will be dangerous for her to travel alone.
7. This box is too heavy to lift.
8. It is important for him not to lose courage.

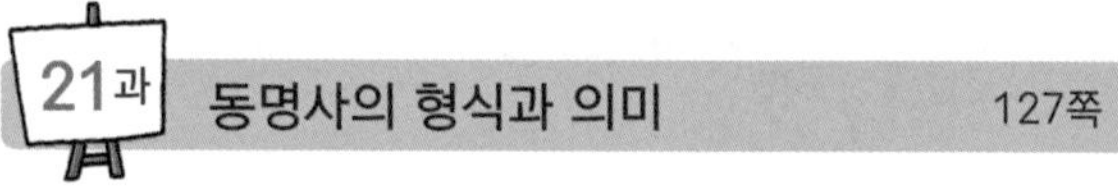

21과 동명사의 형식과 의미 127쪽

영어로 해보기 1

1. Fishing, 주어 2. diving, 보어 3. Cooking, 주어

4. swimming, 보어 5. dancing, 목적어 6. dancing, 목적어

7. swimming, 목적어 8. playing, 목적어

영어로 해보기 2

1. Does she like seeing movies?
   Yes. She enjoys seeing movies.
2. Do they like doing yoga?
   No. They dislike doing yoga.
3. Does Kevin like playing table tennis?
   Yes. He enjoys playing table tennis.
4. Do you like watching TV?
   No. I dislike watching TV.

Memorization

1. Fishing is a very intelligent sport.
2. Cooking your own meal is the best way to enjoy the food.
3. One of the most extreme sports is cliff diving.
4. The best way to enjoy summer must be swimming in the ocean.
5. Mr. Parker dislikes dancing in the rain.
6. Mr. Parker minds dancing in the rain.
7. Mr. Parker avoids dancing in the rain.
8. Mr. Parker postpones dancing in the rain.
9. Mr. Parker puts off dancing in the rain.

10. Mr. Parker denies dancing in the rain.
11. Mr. Parker quits dancing in the rain.
12. Mr. Parker stops dancing in the rain.
13. Mr. Parker enjoys dancing in the rain.
14. Mr. Parker imagines dancing in the rain.
15. Mr. Parker considers dancing in the rain.
16. Mr. Parker practices dancing in the rain.
17. Mr. Parker suggests dancing in the rain.

22과 동명사의 활용 132쪽

영어로 해보기 1

1. meeting / to meet
2. to give / giving
3. to lock / locking

영어로 해보기 2

1. I am sorry for being too late.
2. He left home without saying goodbye.
3. I am looking forward to seeing you again.
4. Your computer needs fixing.
5. She spends a lot of time playing online games.
6. This movie is worth seeing.
7. She cannot help taking care of the poor cat.
8. Danny is busy preparing for the examination.
9. I don't feel like studying any more today.
10. Nothing can prevent us from going to his concert.

Memorization

1. I love playing online games.
2. I prefer playing online games.
3. I hate playing online games.
4. I intend playing online games.
5. I start playing online games.
6. I begin playing online games.
7. I continue playing online games.
8. Sandy forgot locking the door.
9. Sandy forgot to lock the door.
10. Phil remembered kissing her.
11. Phil remembered to kiss her.
12. I tried opening the gate.
13. I tried to open the gate.
14. apologize for ~ing 15. be capable of ~ing
16. be in favor of ~ing 17. be sorry for ~ing
18. by ~ing 19. instead of ~ing
20. thank … for ~ing 21. feel like ~ing
22. succeed in ~ing 23. use … for ~ing
24. without ~ing 25. prevent … from ~ing
26. be(get) used to ~ing 27. be busy ~ing
28. be worth ~ing 29. cannot(can't) help ~ing
30. have trouble ~ing 31. go ~ing
32. look forward to ~ing 33. need ~ing
34. spend ~ing 35. It is no use ~ing

복습 21~22과 134쪽

21과 동명사의 형식과 의미

A 1. Cooking 2. 보어 3. diving 4. swimming
5. 목적어 6. dancing 7. suggest

B 1. 싫어하다 2. mind 3. avoid 4. 연기하다 5. deny
6. 멈추다 7. finish 8. suggest 9. enjoy 10. imagine
11. consider 12. 연습하다

22과 동명사의 활용

A 1. intend, begin, start, continue 2. prefer

B 1. ing 2. to부정사 3. ing

소화하기

1

1. Does she love to swim in the ocean?
Does she love swimming in the ocean?
No. She hates to swim in the ocean.
No. She hates swimming in the ocean.
2. Do you love to go fishing with him?
Do you love going fishing with him?
No. I hate to go fishing with him.
No. I hate going fishing with him.
3. Do they love to travel by car?
Do they love traveling by car?
No.They hate to travel by car.
No.They hate traveling by car.

4. Does Tom love to eat Chinese food?
Does Tom love eating Chinese food?
No. He hates to eat Chinese food.
No. He hates eating Chinese food.

2

1. coming 2. cooking 3. to walk
4. to bring 5. sending 6. to call

3

1. 주어 2. 목적어 3. 보어 4. 보어 5. 목적어 6. 주어

4

1. Playing 2. locking 3. Taking 4. going
5. becoming 6. cooking 7. meeting

5

1. Jenny decided to get married next year.
2. They want him to go on a diet.
3. He considers getting a new job.
4. Sam is thinking about buying a new cellphone.
5. I promised not to tell a lie again.
6. Would you mind passing the salt?
7. We usually enjoy visiting the museum.
8. It is no use crying over spilt milk.
9. Don't you feel like playing basketball?
10. We plan to move to Canada.
11. I am looking forward to hearing from you.
12. Don't forget to write a letter to me soon.
13. Thank you for inviting me to your party.
14. He agreed to join our club from next semester.
15. Jim expects his mother to pick him up at the airport.

삽화로 보는 바빠 중2 수학

순환마디

유한소수로 나타낼 수 있는 분수

924는 3의 배수일까?

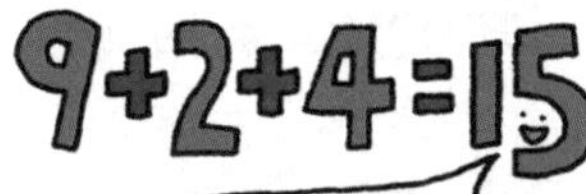

15가 3의 배수니까 924도 3의 배수지.

어떤 수의 배수인지 알기

지수법칙

단항식의 곱셈과 나눗셈

다항식의 계산

다항식 계산의 활용

곱셈 공식 $(a+b)^2$

연립방정식